СИЛАТА НА БОГА

*Откако е веков
не се чуло некој
да отвори очи на слепороден.
Ако Тој не беше од Бога,
не би можел ништо да направи.
(Јован 9:32-33)*

СИЛАТА НА БОГА

Др. Църок Ли

Силата на Бога од Др. Церок Ли
Објавено од Урим Книги (Претставник: Johnny. H. Kim)
235-3, Guro-dong 3, Guro-gu, Seoul, Korea
www.urimbooks.com

Сите права се задржани. Оваа книга или некои нејзини делови, не смеат да бидат репродуцирани во било која форма, да се чуваат во обновувачки систем, или да бидат пренесувани во било каква форма или преку било какви средства, електронски, механички, преку фотокопирање, снимање или на некој друг начин, без претходна писмена дозвола од страна на издавачот.

Ако не е наведено поинаку, сите цитати од Светото Писмо се земени од Светата Библија, НОВА АМЕРИКАНСКА СТАНДАРДНА БИБЛИЈА (NEW AMERICAN STANDARD BIBLE,®, Авторско Право © 1960, 1962, 1963, 1968, 1971, 1972, 1973, 1975, 1977, 1995 од страна на Локман Фондацијата. Употребени со дозвола.

Авторско право © 2009 од Др. Церок Ли
МСБК (ISBN): 979-11-263-1187-3 03230
Преведувачко авторско право © 2005 од Др. Естер К. Чанг. Употребено со дозвола. .

Претходно објавено на Кореански од Урим Книги во 2004

За прв пат објавено во септември, 2005
Второ издание, август 2009

Дизајнирано од страна на
Уредувачкото Биро на Урим Книги
Отпечатено од страна на Јевон Компанија за Печатење
За повеќе информации ве молиме
контактирајте ги urimbook@hotmail.com

Предговор

Се молам преку силата на Бога Создателот и евангелието на Исуса Христа, сите луѓе да го доживеат огненото делување на Светиот Дух...

Му благодарам на Богот Отецот, Кој што нè благослови да можеме да ги објавиме во едно дело пораките од Единаесетиот Двонеделен Специјален Оживувачки Состанок, одржан во мај 2003 со тема "Сила" – каде со безброј сведоштва се величеше и славеше силата на Бога.

Од 1993, веднаш по десетата годишнина од основањето, Бог почна со негувањето на членовите на Централната Манмин Црква, водејќи ги кон поседување вистинска вера и кон станување духовни луѓе, низ годишните Двонеделни Специјални Оживувачки Состаноци.

Под темата од 1999 на Оживувачкиот Состанок "Бог е љубов," Тој дозволи да им се случат испитанија на членовите од црквата Манмин, коишто водат кон благослови, за да можат да го сватат значењето на вистинското евангелие, да го исполнат законот во љубовта, и да почнат да наликуваат на нашиот Господ, Кој што ја манифестираше Својата чудесна сила.

Во зората на новиот милениум, во годината 2000, за да можат сите луѓе од светот да ги доживеат силата на Богот Создателот, евангелието на Исуса Христа, и огненото делување на Светиот Дух, Бог нè благослови со тоа, што можевме да ги емитуваме Оживувачките Состаноци во живо, преку сателитот Moogoonghwa и Интернетот. Во 2003-та година, членовите од приближно 300 цркви од Кореја, и од петнаесет земји од светот, присуствуваа на Оживувачкиот Состанок.

Силата на Бога се обидува да го претстави процесот, во којшто една личност го среќава Бога и ја прима Неговата сила, потоа различните нивоа на силата, Најголемата Сила на Создавањето, што ги надминува ограничувањата и нивото коешто ѝ е дозволено на една човечка личност, и местата на коишто се манифестираше Неговата сила.

Силата на Бога Создателот ќе се спушти врз една личност, веднаш штом таа ќе почне да наликува на Бога, Кој што е светлината. Понатаму, кога таа ќе стане едно во духот со Бога, таа ќе може да ја манифестира истата сила, што и Самиот Исус ја манифестирал. Тоа е така бидејќи во Јован 15:7, нашиот Господ ни кажува, "Ако пребивате во Мене, и ако Словото Мое пребива во вас, побарајте што и да посакате, и ќе ви се даде."

Јас лично ги доживеав радоста и среќата поради

ослободувањето од страдањата на седумгодишното боледување и агонија, за да можам да станам слугата на силата, и да наликувам на Господа. Постев и се молев многу денови, откако бев повикан да станам слуга Господов. Исус ни кажува во Марко 9:23, "'Ако можеш?' Сите нешта се можни за оној кој што верува." Јас верував и многу се молев, бидејќи цврсто се држев до ветувањето на Исуса Христа, "[Секој оној] кој што верува во Мене, делата што ги правам, ќе ги прави и тој исто така; па дури и поголеми од нив ќе прави; затоа што Јас си одам кај Отецот" (Јован 14:12). Како резултат на тоа, низ годишните Оживувачки Состаноци, Бог ни ги покажа запрепастувачките знаци и чудеса, и ни подари безброј дела на оздравување, исцелување, и ни ги прати одговорите на молитвите наши. Понатаму, за време на втората седмица од Оживувачкиот Состанок во 2003, Бог се фокусираше на манифестирањето на Својата сила врз оние кои што беа слепи, неспособни да одат, слушаат и зборуваат.

Дури и во времето кога медицинската наука е напредната и продолжува со својот прогрес, речиси е невозможно, луѓето кои што го изгубиле видот или слухот, да го достигнат своето исцелување. Но, Семоќниот Бог ја манифестираше Својата сила, па така, кога јас ќе се помолев од проповедалната, делата на силата на создавањето можеа да делуваат, и да се обновуваат умртвените нерви и ќелии, а луѓето да прогледуваат, прослушуваат, и да проговоруваат. Исто така постоеја случаи, каде што се исправаа кичмите, здрвените коски се опуштаа, а луѓето ги отфрлаа патериците, бастумите и инвалидските колички, па стануваа, потскокнуваа и чекореа.

Чудесните дела Божји, го надминуваа времето и просторот, исто така. Луѓето кои што беа присутни на Оживувачките Состаноци преку сателитските преноси, или преку Интернетот, исто така можеа да ја доживеат силата на Бога, а нивните сведоштва до денешен ден се споделуваат и прераскажуваат.

Тоа е причината зошто, пораките од Оживувачкиот Состанок во 2003 - каде што безброј луѓе беа повторно родени преку Словото на вистината, го примија новиот живот, спасението, одговорите и исцелувањето, ја доживеаа силата на Бога и Му ја оддаваа славата Нему – беа објавени во ова дело.

Им оддавам специјална благодарност на Геумсун Вин, Директорот на Уредувачкото Биро, на неговиот персонал, како и на Преведувачкото Биро, заради нивната посветена и ревносна работа.

Се молам во името на нашиот Господ, Исус Христос, секој од вас да ја доживее силата на Богот Создателот, да го почувствува евангелието на Исуса Христа, и огненото делување на Светиот Дух, за да може и вие самите да бидете преплавени со радоста и среќата во вашите животи!

Церок Ли

Вовед

Четиво коешто мора да се прочита, и коешто служи како суштински водич, преку кој една личност може да се здобие со вистинската вера, и да ја доживее чудесната сила на Бога.

Му ја оддавам сета благодарност и слава на Бога, Кој што нѐ поведе кон објавување на ова единечно дело, составено од бројните пораки од 'Едицаесттиот Двонеделен Специјален Оживувачки Состанок со Др. Церок Ли' во мај 2003, којшто се одржа среде манифестацијата на големата и чудесна сила на Бога.

Силата на Бога ќе ве обземе со благодет и ќе ве трогне, бидејќи ги содржи деветте пораки од Оживувачкиот Состанок, што се одржа со тема "Сила," како и сведоштвата на голем број индивидуи, кои што директно ја доживеаа силата на живиот Бог и на евангелието на Исуса Христа.

Во Првата порака, "Да се верува во Бога," се опишани, идентитетот на Бога, што значи да се верува во Него, и начините по кои можеме да Го сретнеме и доживееме Него.

Во Втората порака, "Да се верува во Господа," се опишани, целта на Исусовото доаѓање на земјата, зошто само Тој е нашиот Спасител, и зошто ги добиваме спасението и одговорите, кога ќе поверуваме во Господа Исуса Христа.

Третата порака, "Сад поубав од скапоцен камен," образложува што е потребно за да се стане скапоцен, благороден и убав сад пред Бога, а се опишани и благословите коишто се спуштаат врз таквиот сад.

Четвртата порака, "Светлина," ја објаснува духовната светлина, потоа, што ни е потребно за да можеме да го сретнеме Бога, Кој што е Светлината, и благословите што ќе ги примиме, ако чекориме во Светлината.

Петтата порака, "Силата на светлината," се задлабочува и ги истражува четирите различни нивоа на силата на Бога, што се манифестираат преку созданијата – човечките суштества, низ широк спектар на бои и светлина, како и вистинските животни сведоштва за најразличните видови на исцелување, манифестирани во секое од тие нивоа. Понатаму, тука во најситни детали се претставени, Највисоката сила на созданието, неограничената сила на Бога, и начините преку кои можеме да ја примиме силата на Светлината.

Базирајќи се на процесот, преку кој човекот што бил роден слеп го прима исцелувањето откако ќе го сретне Исуса Христа, и сведоштвата на голем број луѓе, кои прогледале и добиле исцелување. Шестата порака, "Очите на слепите ќе прогледаат," ќе ви помогне да ја сватите силата на Богот Создателот.

Седмата порака, "Луѓето ќе станат, ќе поскокнуваат и ќе одат," внимателно го опишува случајот на парализираниот човек, кој со помош на своите пријатели бил донесен пред Исуса, и кој потоа станал и проодел. Пораката исто така го просветлува читателот, за тоа какви дела на верата треба да се презенетираат пред Бога, за да може да се доживее силата на Бога.

Осмата порака, "Луѓето ќе се радуваат, ќе танцуваат и ќе пеат," се задлабочува и ја истражува приказната за глувонемиот, кој што го примил исцелувањето кога застанал пред Исуса, а воедно се претставени и начините, преку кои можеме исто така и денес, да ја доживееме таквата сила.

Конечно на крајот, во Деветата порака, "Вечната промисла на Бога," се опишани пророштвата за последните денови и промислата Божја за Централната Манмин Црква – коишто се откриени од страна на Самиот Бог, уште од основањето на црквата Манмин, пред повеќе од дваесет години.

Се молам во името на нашиот Господ, Исус Христос, преку ова дело, голем број на луѓе да дојдат до поседување на вистинската вера, секогаш да ја доживуваат силата на Бога Создателот, и да бидат искористени како убави садови од страна на Светиот Дух, за исполнување на Неговата промисла!

Геумсун Вин
Директор на Уредувачкото Биро

Содржина

Порака 1

Да се верува во Бога (Евреите 11:3) · 1

Порака 2

Да се верува во Господа (Евреите 12:1-2) · 25

Порака 3

Сад поубав од скапоцен камен

(2 Тимотеј 2:20-21) · 47

Порака 4

Светлина (1 Јован 1:5) · 67

Порака 5

Силата на Светлината (1 Јован 1:5) · 85

Порака 6

Очите на слепите ќе прогледаат (Јован 9:32-33) · 117

Порака 7

Луѓето ќе станат, ќе поскокнуваат, и ќе одат
(Марко 2:3-12) · 135

Порака 8

Луѓето ќе се радуваат, ќе танцуваат, и ќе пеат
(Марко 7:31-37) · 157

Порака 9

Вечната промисла на Бога
(Второзаконие 26:16-19) · 179

Порака 1
Да се верува во Бога

Евреите 11:3

*Преку верата разбираме
дека вековите се создадени
преку Словото Божјо,
и дека видливото
произлегло од невидливото*

Од првиот годишен Двонеделен Специјален Оживувачки Состанок, којшто беше одржан во мај 1993, безброј луѓе имаа можност да ја доживеат сѐрастечката сила и делувањето на Бога, преку која се исцелуваа болестите, кои денешната модерна медицина не може да ги излекува, и да бидат решени проблемите кои не можеа да бидат решени преку научните методи. Во последните седумнаесет години, како што можеме да прочитаме во Марко 16:20, Бог го има потврдено Словото Свое, преку знаците и чудесата кои го придружуваат.

Преку пораките кои во себе ги содржат големите длабочини на верата, праведноста, телото и духот, доброто и светлината, љубовта, и нештата слични на нив, Бог поведе голем број од членовите на црквата Манмин, кон подлабокиот духовен свет. Понатаму, преку секој Оживувачки Состанок, Бог постојано нѐ водеше кон посведочувањето на Неговата сила, за да може состанокот да стане светски познат Оживувачки Состанок.

Исус ни кажува во Марко 9:23, "'Ако можеш?' Сите нешта се можни за оној кој што верува." Затоа, ако ја поседуваме вистинската вера, ништо нема да биде невозможно за нас, и ќе можеме да ги примаме сите нешта коишто ќе ги посакаме.

Во што тогаш треба да веруваме, и како треба да веруваме? Ако не го познаваме и не веруваме во Бога на правилен начин, нема да можеме да ја доживееме Неговата сила, и тешко дека ќе можеме да ги примиме одговорите на нашите молитви, од Него. Затоа правилното разбирање и верување е од најголема важност.

Кој е Бог?

Како прво, Бог е авторот на шеесет и шесте книги од Библијата. 2 Тимотеј 3:16 нè потсетува дека, "Целото Писмо е вдахновено од Бога." Библијата е составена од шеесет и шест книги и се смета дека била напишана од триесет и четири луѓе, во периодот од 1600 години. Најневеројатниот и најпрекрасен момент за неа е тоа, што секоја книга, и покрај фактот што била напишана од различни луѓе, во различни периоди низ вековите, од самиот почеток, па сè до самиот крај, сепак се совпаѓаат и меѓусебно си одговараат. Со други зборови, Библијата е Словото Божјо, запишано преку инспирацијата од Бога, дадена на различни луѓе, кои што Тој ги има сметано за соодветни, во различните периоди од историјата, преку која Тој се открива Самиот Себеси. Затоа, оние кои што веруваат во фактот дека Библијата е Словото Божјо и Му се покоруваат на истото, можат да ги доживеат благословите и благодетта кои што Тој ни ги има ветено.

Како следно, Бог е, "Јас сум Оној, Кој што сум" (Исход 3:14). За разлика од идолите коишто се создадени преку човечката имагинација, или биле изделкани преку човечка рака, нашиот Бог е вистински Бог, Кој што постоел од пред вековите, и ќе постои во вечноста. Ние би можеле да Го опишеме Бога како љубов (1 Јован 4:16), Светлина (1 Јован 1:5), и Судија, Кој што ќе им суди на сите нешта, на крајот од времињата.

Но, над сè друго, мораме да запаметиме дека Бог, преку Својата неверојатна, запрепастувачка сила, ги создал сите нешта на Небесата и на Земјата. Тој е Оној Семоќниот, Кој што постојано ја манифестира Својата чудесна сила, уште од времето на Создавањето, па сè до денешен ден.

Создателот на сите нешта

Во Битие 1:1, можеме да прочитаме дека "Во почетокот Бог ги создаде Небесата и Земјата." Евреите 11:3 ни кажува, "Преку верата разбираме дека вековите се создадени преку Словото Божјо, и дека видливото произлегло од невидливото."

Од состојбата на испразнетост во почетокот на времињата, преку силата Божја, било создадено сè што постои во универзумот. Преку силата Своја, Бог ги создал сонцето и месечината на небото, растенијата и дрвјата на земјата, птиците и животните, рибите во морето, и човечките суштества.

И покрај овој факт, голем број луѓе сеуште не се во состојба да поверуваат во Богот Создателот, поради фактот што концептот на создавањето, е едноставно премногу контрадикторен со нивното познавање и искуство, што самите го имаат стекнато. На пример, во своите умови, тие сметаат дека е невозможно сите нешта од универзумот да бидат создадени само преку една заповед Божја, и да се направи нешто, од состојбата на целосна испразнетост.

Затоа таквите луѓе ја зачнале теоријата на еволуцијата. Приврзаниците на теоријата на еволуцијата се расправаат и наведуваат дека живите организми настанале според обичен случај, дека се развивале со текот на времето, и дека мултиплицирале. Ако некои го негираат создавањето на универзумот од Бога, тогаш преку својата рамка на знаење, стануваат неспособни да поверуваат дека остатокот од Библијата е вистина. Неспособни се да поверуваат во проповедањето за постоењето на Небесата и на Пеколот, поради тоа што никогаш ги немаат посетено, ниту пак можат да поверуваат во прогласот дека Синот Божји бил роден како човек, умрел, воскреснал, и се воздигнал во Небесата.

Сепак можеме да видиме дека, иако науката напредува,

недостатоците на теоријата на еволуцијата сѐ повеќе се покажуваат, а легитимитетот на создавањето продолжува да се докажува. Дури и да не ја наведеме листата на научни докази, постои мноштво на примери што сведочат за созданието.

Доказите преку кои можеме да поверуваме во Богот Создателот

Еве ви еден пример. На светот постојат над двесте земји и дури уште повеќе етнички групи. Но, било да се бели, црни или жолти, кај секоја од нив, луѓето имаат две очи. Луѓето кај секоја од нив имаат две уши, еден нос и две ноздри на него. Овој образец се применува не само кај човечките суштества, туку исто така и кај животните, птиците и рибите во морето. Иако сурлата на слонот е исклучително голема и долга, тоа не значи дека има повеќе од две ноздри. Секое човечко суштество, животно, птица или риба, има една уста, а позицијата на устата е на едно исто, идентично место. Постојат некои незначителни разлики во врска со позицијата на некој орган меѓу видовите, но кај најголемиот дел од нив, структурата и позицијата се на едно исто место.

Како можело сето ова да се случи, само како една обична "случајност"? Тоа вусшност е солиден доказ, дека Создателот ги дизајнирал и формирал луѓето, животните, птиците и рибите. Ако постоеле повеќе создатели, тогаш појавата и структурата на живите нешта би била сосем различна, како што би растела и можноста за различни обрасци кај создателите. Но, бидејќи нашиот Бог е единствениот Создател, сите живи суштества се формирале според еден ист идентичен дизајн.

Понатаму можсме да видиме голем број на докази во природата и универзумот, што нѐ наведуваат да поверуваме во Божјото создавање на сите нешта. Како што е кажано во Римјаните 1:20, "Па и Неговите невидливи својства, Неговата вечна сила и Божествена природа, можат јасно да се согледаат низ создавањето на светот, така што оние кои што не веруваат, немаат изговор," Бог ги дизајнирал и формирал сите нешта, за да не може вистината за Неговото постоење да биде негирана или побиена.

Во Хабакук 2:18-19, Бог ни кажува, "Каква е ползата од делканиот лик, та уметникот да го делка? Каква е користа од леаниот лик, учителот на лагата? Затоа што творецот му се доверува на делото свое, кога создава неми идоли. Тешко на оној, кој на делот од дрвото му вели, 'Разбуди се!' или на немиот камен му вика, 'Стани!'! Таков ли ќе ве поучува? Ете, тие се оптачени со злато и со сребро, но никаков здив во нив нема." Ако некој од вас им служел и верувал во идолите, без да го познава Бога, треба веднаш целосно да се покае за гревовите свои, и да си го искине своето срце во покајание.

Библиски докази преку кои сигурно можеме да веруваме во Богот Создателот

Сеуште постојат голем број на луѓе, кои не се во состојба да поверуваат во Бога, и покрај безбројните докази околу нив. Затоа, манифестирајќи ја Својата сила, Бог ни ги покажува јасните и непобитни докази за Своето постоење. Преку манифестирањето на чудата коишто не можат да бидат изведени од човекот, Бог ни дозволува да поверуваме во Неговото постоење и во Неговото чудесно делување.

Во Библијата се опишани голем број на случаи, каде што се манифестирала фасцинирачката сила на Бога. На пример, кога било раздвоено Црвеното Море, кога сонцето застанало на едно место, или кога тргнало наназад, и кога огнот од Небесата бил донесен долу на земјата. Понатаму кога горчливата вода од пустината се претворила во питка, и кога од карпата протекла вода за народот Израелски. Опишани се воскресенијата на мрвите, исцелувањата на болните, а навидум невозможните за извојување победа битки, биле извојувани.

Кога луѓето ќе поверуваат во семоќниот Бог и ќе побараат некои нешта од Него, тие ќе можат да ги доживеат незамисливите дела на Неговата сила. Затоа Бог ги запишал во Библијата големиот број на случаи, во коишто била манифестирана Неговата сила, па со тоа воедно и нѐ благословил со можноста за верување.

Но, делата на Неговата сила не постојат запишани само во Библијата. Преку Својата непроменливост и бројните знаци и чудеса, и дела на Својата сила, Тој ја манифестира својата сила низ своите верници по светот, дури и ден денес; затоа што тоа го имал ветено. Во Марко 9:23, Исус нѐ уверува, "'Ако можеш?' Сите нешта се можни за оној кој што верува." Во Марко 16:17-18, нашиот Господ нѐ потсетува, "А ова се знаците коишто ќе ги придружуваат оние кои што поверувале: во името Мое ќе истеруваат зли духови, ќе зборуваат на нови јазици; ќе фаќаат змии, а ако испијат нешто смртоносно, нема да им наштети; ќе ги полагаат рацете врз болните, а тие ќе оздравуваат."

Силата на Бога манифестирана во Централната Манмин Црква

Во црквата каде што јас служам како Постар Пастор, Централната Манмин Црква, делата на силата на Бога Создателот се случуваа уште од самиот почеток, па сѐ до сега. Црквата Манмин постојано настојуваше да го прошири

*"О колку благодарен бев јас
кога ми го спаси животот...
Мислев дека ќе се поттирам на патерици
во остатокот на животот мој...*

*Сега можам да одам...
Оче, О Оче, Ти благодарам!"*

Ѓаконицата Јоана Парк,
која требаше да биде трајно хендикепирана,
ги отфрла патериците и чекори
по примањето на молитвата

евангелието насекаде по светот. Уште од самото основање во 1982-та година, па сè до денес, Манмин поведе безброј луѓе кон патот на спасението, преку силата на Богот Создателот. Најзабележителното дело на Неговата сила е исцелувањето на болните и на слабостите кај луѓето. Голем број на луѓе кои имаа "неизлечиви" болести, како на пример ракот, туберкулозата, парализата, церебралната парализа, килата, артритисот, леукемијата и други слични нешта, го најдоа своето исцелување во нашата црква. Кај нас се истеруваа демоните од луѓето, сакатите стануваа и проодуваа, па дури и трчаа, а оние кои што беа парализирани заради некои несреќни случаи, веднаш добиваа исцелување. Како дополнение на сето тоа, веднаш по примањето на молитвата, луѓето кои страдаа од сериозни изгореници, добиваа исцелување, без да им останат некој ужасни лузни. Други пак, чии што тела беа укочени и ја беа изгубиле свеста од крварење во мозокот, или од труењето со гас, оживуваа и стануваа во истиот миг. Некои други пак, што престанале да дишат, воскреснуваа веднаш по примањето на молитвата.

Голем број на луѓе што не можеле да добијат деца ниту по пет, седум, десет, па дури и по дваесет години брак, го примаа благословот на зачнувањето, веднаш по слушањето на молитвата. Безброј личности кои што не можеа да слушаат, да гледаат или да зборуваат, во голема мерка му је оддаваа благодарноста на Бога и го величеа Неговото име, откако

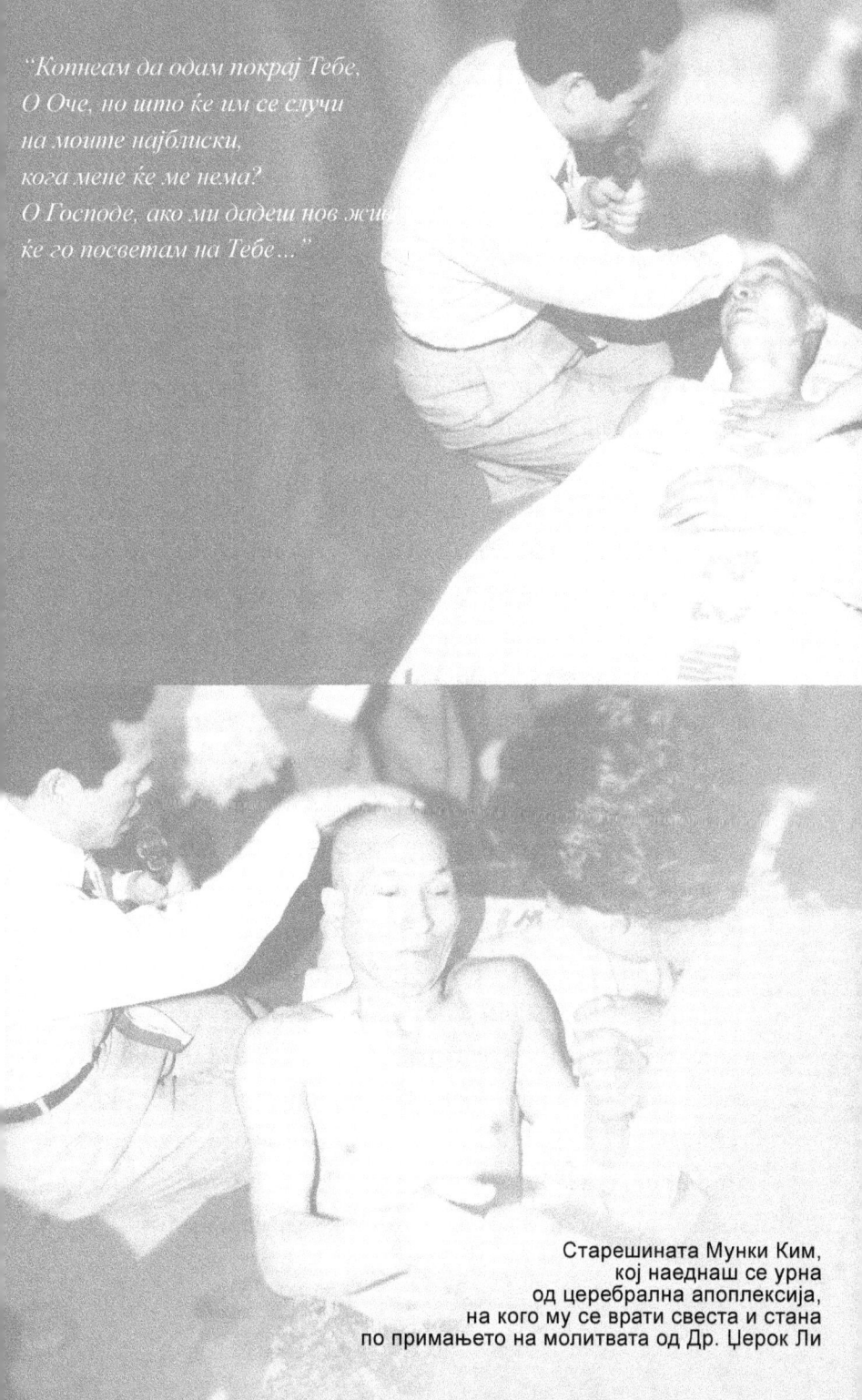

"Копнеам да одам покрај Тебе,
О Оче, но што ќе им се случи
на моите најблиски,
кога мене ќе ме нема?
О Господе, ако ми дадеш нов живот
ќе го посветам на Тебе..."

Старешината Мунки Ким,
кој наеднаш се урна
од церебрална апоплексија,
на кого му се врати свеста и стана
по примањето на молитвата од Др. Џерок Ли

преку молитвата си ги вратија тие способности.

Иако од година во година, од век во век, медицината има направено голем напредок во своето поле, сепак никогаш не успеала да ги оживее умртвените нерви и да го исцели вроденато слепило, или вродената глувост. Но, семоќниот Бог може да прави што ќе посака, бидеќи создава нешто од ништо.

Јас лично ја имам доживеано силата на семоќниот Бог. Бев на прагот од смртта во текот на седум години, пред да почнам да верувам во Него. Секое делче од моето тело чувствуваше болка, освен моите две очи, па затоа ми дадоа прекар "стоковна куќа за болести." Залудно се обидував да ја применам источната и западната медицина, медицината за лекување на лепрозните, земав секакви видови на билки, пробав од жолчките на мечките и кучињата, се обидував со стоногалките, па дури пробав и исцедок од измет. Направив сè што е можно за да добијам исцелување, во тие агонизирачки седум години, но сепак не успев во моите напори. Во пролетта 1974, кога бев во состојба на големо очајание, ми се случи едно неверојатно искуство. Во моментот кога го сретнав Бога, во еден миг бев излекуван од сите мои болести и слабости. Од тој момент па натаму, Бог секогаш беше со мене и ме штитеше, никогаш повеќе да не го доживеам страдањето на болестите. Иако чувствував мала нелагодност во сите делови од телото, веднаш по молитвата со вера, во истиот момент бев излекуван.

Покрај мене и мојата фамилија, знам дека голем број од членовите на црквата Манмин искрено веруваат во семокниот Бог, па затоа секогаш се физички здрави и не зависат од медицината. Изразувајќи ја благодарноста заради милоста Божја, голем број на луѓе, кои што нашле исцелување и излекување тука, сега ѝ служат на црквата како лојални свештеници Божји, старешини, ѓакони и ѓаконици, и црковни работници.

Силата на Бога не се ограничуваше само на исцелувањето на болестите и слабостите. Од основањето на црквата во 1982, па сѐ до денес, голем број на членови од црквата Манмин, станаа сведоци на многу случаи, кога преку молитвата со вера во силата Божја, се контролираа дури и временските прилики. Како на пример, се запираа поројните дождови, се собираа облаци заради заштита на членовите на црквата во деновите со голема жега, па дури и запираа тајфуните, или го менуваа својот правец. На пример, секој јули и август се одржуваат Целоцрковните Летни Собири. Иако во другите делови од Јужна Кореја се случуваа оштетувања од тајфуни и поплави, оние делови каде што се случуваа собирите, често остануваа недопрени од поројните дождови и природните катастрофи. Голем број од членовите на црквата Манмин, редовно можеа да видат виножита по небото, дури и во деновите кога претходно немаше дожд.

Постоеја дури и уште поневеројатни примери на силата на Бога. Делата на Неговата сила се манифестираа дури и кога јас не се молев директно за болните луѓе. Безброј луѓе го славеа Бога откако ги примија исцелувањата и благословите преку "Молитвата за болните" наменета за целата конгрегација, која ја кажував од проповедалната, и преку "Молитвата" снимена на касети, цедиња, емитувана преку Интернет, и преку автоматските телефонски пораки, наменети за болните.

Во Дела 19:11-12 можеме да прочитаме, "А Бог правеше неверојатни чуда преку рацете Павлови, па кога врз болните полагаа крпи и шамивчиња за пот, што го беа допреле телото негово, болестите ги напуштаа, а злите духови излегуваа од нив." Слично на тоа, и преку шамивчињата врз кои јас се молев, се манифестираше делувањето на чудесната сила Божја.

Понатаму, кога ќе се помолев и ќе ги положев рацете врз фотографиите на болните лица, се случуваше чинот на излекувањето да го надмине времето и просторот и исцелувањата да се случат насекаде низ светот. Затоа, кога ќе направев прекуморски крстоносен поход, сите видови на болести, вклучувајќи ја тука и СИДА-та, беа веднаш излекувани, преку силата на Бога, што ги надминува просторот и времето.

Доживувањето на силата на Бога

Што значи тоа, дека секој што верува во Бога, може да ги доживее вчудоневидувачките дела на силата Божја, и да ги прими одговорите на своите молитви, и обилните благослови? Голем број на луѓе ја исповедаат својата вера во Бога, но не секој од нив ја има таа привилегија да ја искуси силата на Бога. Доживувањето на Неговата сила може да се случи само тогаш, кога вашата вера во Бога ќе се покаже на дело, и кога Тој ќе ја препознае и признае истата, "Знам дека веруваш во Мене."

Бог го смета и самиот факт што некој ја слуша нечијата проповед и присуствува на богослужбите, како "вера." Но, за да се поседува вистинската вера, преку која една личност може да ги прими исцелувањето и одговорите на своите молитви, таа мора да чуе и знае за Бога, за тоа зошто нашиот Господ Исус Христос е нашиот Спасител, и за постоењето на Небесата и на Пеколот. Кога една личност ќе ги разбере овие фактори, ќе се покае за своите гревови, ќе го прифати Исуса Христа за свој Спасител, и ќе го прими Светиот Дух во срцето свое, тогаш ќе може да го прими правото да се нарекува чедо Божјо. Тоа претставува првиот чекор кој води кон вистинската вера.

Луѓето кои што ја поседуваат вистинската вера, ќе можат да ги покажат делата коишто ќе ја посведочат таквата вера.

Тогаш Бог ќе ги види делата на верата и ќе им одговори на желбите на срцата нивни. Оние личности, кои што ги доживуваат делата на Неговата сила, ги демонстрираат доказите за верата во Него, и се признаени од Негова страна.

Удоволување на Бога преку делата на верата

Еве неколку примери од Библијата. Првиот е запишан во 2 Кралеви 5, и се однесува на приказната за Нееман, командантот на армијата на кралот Арам. Нееман го доживеал делото на силата на Бога, откако ги демонстрирал делата на својата вера, преку покорувањето на реченото од пророкот Елисеј, низ кого говорел Самиот Бог.

Нееман бил угледен генерал во Арамејското кралство. Кога станал лепрозен, тој го посетил Елисеја, кој изведувал чудеса преку силата Божја. Но, кога таквиот угледен и нашироко познат генерал, како што бил Нееман, пристигнал пред Елисеја, покажувајќи му го големото количество на злато, сребро и убава облека, пророкот едноставно испратил гласник кај него, и му рекол, "Оди и искапи се седум пати во реката Јордан" (с. 10).

Во прво време Нееман се почувствувал навреден и налутен, најповеќе заради тоа што не го добил посакуваниот третман од страна на пророкот. Па така, наместо да види како Елисеј се моли за него, тој едноставно му рекол да оди и да се искапе во реката Јордан. Но, Нееман набргу го сменил мислењето и му се повинувал на кажувањето на пророкот. Иако не му се допаднале зборовите на Елисеја, Нееман одлучил барем да се обиде и да го испочитува словото на пророкот Божји.

Кога Нееман шест пати се искапал во реката Јордан, немало видливи знаци на промена кај неговата лепрозност. Но, штом се искапал седум пати, раните му се исцелиле и телото му се очистило, и станало како кај младо момче (с. 14).

Во духовна смисла, "водата" го симболизира Словото Божјо. Фактот што Нееман го потопил своето тело во реката Јордан, означува дека преку Словото Божјо, тој бил очистен од своите гревови. Понатаму, бројот "седум" ја означува совршеноста; па самиот факт што Нееман "седум пати" се капел во реката Јордан, означува дека генералот го примил целосното очистување на своите гревови.

Според истото значење, ако и ние самите посакаме да ги примиме одговорите од Бога, прво што треба да направиме е целосно да се покаеме за нашите гревови, на начинот на којшто тоа го направил и самиот Нееман. Но, покајанието не завршува само преку обичното кажување, "Се каам. Згрешив." Личноста треба да "си го искине своето срце", а не своите облеки (Јоил 2:13). Понатаму, откако една личност целосно ќе се покае за своите гревови, таа мора да вети дека никогаш повеќе нема да ги повтори истите. Тогаш, и единствено тогаш, ќе може ѕидот на гревот да биде срушен помеѓу личноста и Бога, и да почне среќата да извира одвнатре, а нејзините проблеми да бидат решени, и да почне да ги прима одговорите на желбите на своето срце.

Како второ, во 1 Кралеви 3, можеме да прочитаме дека кралот Соломон Му понудил илјада жртви сепаленици на Бога. Преку овие сепаленици, Соломон ја демонстрирал својата вера и делата на верата, па можел да ги прими одговорите од Бога, а како последица на својата вера, тој примил не само онолку колку што побарал од Бога, туку и многу повеќе од тоа.

Самиот факт што Соломон понудил илјада жртви сепаленици, го покажува големото ниво на неговата посветеност. За секое од тие жртвувања, кралот требало да го фати животното, да го подготви и да го припреми за чинот на жртвувањето. Можете ли да си замислите колку време, напор, пари и посветеност требало да се вложат, за илјадапати да се изврши чинот на сепаленицата? Кралот на посветеноста, кралот Соломон, ја демонстрирал таквата вера и посветеност, ште не би биле можни ако неговата вера вистински не била во живиот Бог.

Кога Бог ја видел посветеноста на Соломона, Тој не само

што му ја подарил мудроста што ја барал, туку и големото богатство и слава – неговата чест била толку голема, што му немало рамен меѓу кралевите од неговото време.

Како последно, во Матеј 15, е опишана приказната за една Хананејка, чија што ќерка била опседната со демони. Таа дошла пред Исуса со понизно и непроменливо срце, барајќи исцелување за својата ќерка. На крајот го добила исполнувањето на желбите на своето срце. Сепак, Исус не ѝ одговорил веднаш на нејзиното искрено молење, и не ѝ кажал веднаш, "Во ред, ќерка ти е излекувана." Наместо тоа, Тој ѝ рекол на жената, "Не е добро да им се земе лебот на децата, и да им се фрли на кучињата" (с. 26). Тој ја споредил жената со куче. Ако таа не ја поседувала верата, сигурно би ѝ било ужасно непријатно, или би била многу налутена. Но, жената ја покажала големата вера, што го осигурало добивањето на одговорот од Исуса, и не покажала ниту разочарување, ниту непријатност. Наместо тоа, таа уште повеќе Му се повинувала Нему, кажувајќи, "Да, Господи, но дури и кучињата се хранат од трошките, што паѓаат од масата на нивните господари." На Исуса му било многу благоугодно да ги чуе ови зборови на жената, коишто ја покажувале нејзината вера, па веднаш ја исцелил нејзината ќерка, и ги изгонил демоните.

Слично на тоа, ако и ние посакаме да ги примиме

одговорите и исцелувањето од Бога, прво мораме да ја демонстрираме нашата силна вера, сè до самиот крај. Понатаму, ако ја поседуваме верата преку која можеме да ги примиме Неговите одговори, мораме исто така и физички да се презентираме себеси пред Него.

Се разбира, поради тоа што силата Божја во голема мерка се манифестираше во Централната Манмин Црква, беше можно да се примат исцелувањата преку марамчињата на коишто јас се молев, или преку фотографиите на болните донесени пред мене. Но, освен ако личноста која што е болна, е во критична состојба, или пак се наоѓа во странство, таа мора физички да се појави пред Бога. Една личност може да ја доживее силата на Бога единствено тогаш, кога ќе го чуе Неговото Слово и ќе ја поседува вистинската вера. Понатаму, ако личноста е ментално ретардирана или опседната со демони, па затоа не може да се појави пред Бога преку својата вера, тогаш како во случајот со Хананејката, нејзините родители, или членови на семејството, треба да дојдат пред Бога во нејзино име, покажувајќи ја својата љубов, вера и посветеност.

Покрај овие, постојат и многу други докази за верата. На пример, на лицето на личноста која што ја поседува верата, преку која може да се примат одговорите од Бога, секогаш може да се видат благодарноста и среќата. Во Марко 11:24, Исус ни кажува, "Затоа ви велам, сè што ќе побарате во молитвата, верувајте дека сте го примиле, и тоа ќе ви биде дозволено." Ако ја поседувате вистинската вера во вас, вие единствено ќе ги покажувате радоста и благодарноста цело време. Понатаму, ако ја исповедате својата вера во Бога, морате да Му се повинувате на Словото Божјо и да го живеете својот живот според Него. Поради тоа што Бог е Светлина, вие секогаш ќе се стремите и ќе настојувате да чекорите во светлината.

На Бога Му се благоугодни нашите дела на верата, па затоа им одговара на желбите на нашите срца. Дали и самите вие ја поседувате мерката на верата, којашто би била признаена од страна на Бога?

Евреите 11:6, нѐ потсетува, "А без вера не е можно да Му се угоди на Бога, затоа што оној кој што Му пристапува на Бога, треба да верува дека Бог постои, и дека ги наградува оние кои што Го бараат."

Се молам во името на нашиот Господ Исус Христос, преку исправното сваќање на тоа што значи да се верува во Бога и да се демонстрира верата во Него, секој од вас да Му угоди Нему, да ја доживее Неговата сила, и да го води благословениот живот во верата!

Порака 2
Да се верува во Господа

Евреите 12:1-2

*Затоа и ние,
имајќи околу себе толкав облак сведоци
што нè опкружуваат,
да ги положиме настрана
секое бреме и грев,
што лесно се прилепуваат до нас,
и со трпение да трчаме
на претстојната трка,
имајќи го пред очите Исуса,
Зачетникот и Исполнителот на верата,
Кој поради радоста пред Него
го истрпе крстот, презирајќи го срамот,
и седна оддесно
на престолот Божји*

Голем број од луѓето денес го имаат чуено името "Исус Христос." Изненадувачки голем број, сепак, не знаат зошто Исус е единствениот Спасител за човештвото, ниту зошто можеме да го примиме спасението единствено преку верувањето во Исуса Христа. Или уште полошо, постојат некои Христијани, кои исто така не се во состојба да одговорат на горенаведените прашања, иако се директно поврзани со спасението. Ова значи дека таквите Христијани ги живеат своите животи во Христа, без целосно да го сватат духовното значење на овие прашања.

Затоа, единствено кога во целост и точно ќе сватиме зошто Исус е нашиот единствен Спасител, што значи да Го прифатиме и да веруваме во Него, и да ја поседуваме вистинската вера, ќе можеме да ја доживееме неверојатната сила на Бога.

Некои луѓе едноставно го сметаат Исуса за еден од четирите големи пророци. Други пак Го сметаат како обичен основач на Христијанството, или за многу великодушен човек, Кој што направил многу добри дела за време на Својот живот.

Но, оние од нас, кои што сме станале чеда Божји, мораме да се исповедаме дека Исус е Спасителот на човештвото, Кој што им ги откупил гревовите на луѓето. Како можеме да Го споредуваме Единствениот Син Божји, Исус Христос, со човечките суштества, кои што се обични созданија? Дури и во времето на Исуса, можеме да видиме дека постоеле повеќе различни гледишта и перспективи, низ коишто луѓето ги насочувале своите мисли за Него.

Синот на Богот Создателот, Спасителот

Во Матеј 16 е опишана една сцена, во којашто Исус ги прашал Своите ученици, "Што велат луѓето? Кој е Синот Човечки?" (с. 13) Цитирајќи ги различните одговори од луѓето, учениците одговориле, "Едни велат дека е Јован Крстител; други, Илија; трети пак Еремија, или еден од пророците" (с. 14). Тогаш Исус ги прашал Своите ученици, "А вие што велите, Кој сум Јас?" (с. 15) Кога Петар одговорил, "Ти си Христос, Синот на живиот Бог" (с. 16), Исус го пофалил, "Блажен си ти, сине Јонин, затоа што телото и крвта не ти го открија тоа, туку Мојот Отец, Кој што е на Небесата" (с. 17). Преку безбројните дела на силата Божја, што ги манифестирал Исус, Петар бил сигурен дека Тој е Синот на Богот Создателот, и дека е Христос, Спасителот на човештвото.

Во почетокот, Бог го создал човекот од земната прашина, според Својот лик, и го го повел кон Градината Едемска.

Таму биле дрвото на животот и дрвото за познавањето на доброто и злото, за кое Бог му заповедал на Адама, првиот човек, "Од секое дрво во градината можеш слободно да јадеш; но од дрвото за познавањето на доброто и злото, не јади, затоа што на денот кога ќе вкусиш од него, сигурно ќе умреш" (Битие 2:16-17).

По подолг временски период, првиот човек Адам и првата жена Ева, биле ставени на искушение од страна на змијата, којашто била поттикната од страна на Сатаната, и ја прекршиле Божјата заповед. На крајот, пробале од плодот на дрвото за познавањето на доброто и на злото, и биле протерани од Градината Едемска. Како последица на своите дела, потомците на Адама и на Ева, ја наследуваат нивната грешна природа. Понатаму, затоа што Бог му рекол на Адама дека сигурно ќе умре, духовите на сите негови потомци биле поведени кон вечната смрт.

Затоа, уште од пред почетокот на времето, Бог го припремил патот на спасението за луѓето, Синот на Богот Создателот, Исус Христос. Како што Дела 4:12 ни кажува, "Не постои спасение во никој друг; затоа што нема друго име под Небесата, што им беше дадено на луѓето, преку кое може да бидат спасени," освен Исус Христос, никој друг во човечката историја, не бил доволно квалификуван, за да може да биде Спасителот на човештвото.

Промислата Божја што била скриена уште од пред почетокот на времињата

1 Коринтјаните 2:6-7 ни кажува, "Па сепак ја говориме мудроста меѓу совршените; но не мудроста од овој свет, ниту од владетелите на овој свет, кои што се минливи; туку ја навестуваме премудроста Божја, во тајна скриена, којашто Бог, пред сите векови ја предодредил за нашата слава." 1 Коринтјаните 2:8-9 продолжува да нѐ потсетува, "Мудроста којашто никој од владетелите на овој свет не ја беше запознал, затоа што ако ја беа запознале, немаше да го распнат Господа на славата; туку како што е запишано, 'Она што окото не го има видено, ниту увото го има чуено, она што во срцето човечко нема влезено, сето тоа го приготви за оние кои што Го љубат.'" Мораме да сватиме дека патот на спасението за човештвото, што Бог го има подготвено уште пред почетокот на времињата, е патот на крстот на Исуса Христа, а во тоа е и мудроста Божја, којашто била скриена.

Како Создател, Бог секогаш владеел со нештата во универзумот и со историјата на човештвото. Еден крал или претседател владее со историјата на својата земја, во согласност со законот на земјата; главниот извршен директор на некоја корпорација ја надгледува компанијата, во согласност со директивите на својата компанија; главата на едно домаќинство го надгледува семејството врз основа на фамилијарните закони и норми. Слично на тоа, иако Бог е сопственикот на сите нешта во универзумот, Тој секогаш владее според законот на духовниот свет, кој што е запишан во Библијата.

Според законот на духовниот свет, постои едно правило, "Платата за гревот е смртта" (Римјаните 6:23), којшто ги казнува виновните, а постои исто така едно друго правило, коешто може да ни ги откупи гревовите наши. Затоа Бог го применува тоа правило при откупот на гревовите наши, за повторно да го воспостави авторитетот, којшто бил изгубен поради непријателот ѓаволот, преку непокорот на Адама.

Кое е правилото преку кое човештвото можело повторно да го воспостави авторитетот на првиот човек Адам, којшто се откажал од него, заради непријателот ѓаволот? Согласно со "законот за откуп на земјиштето," Бог го приготвил патот на спасението за човештвото, уште пред почетокот на времињата.

Исус Христос е квалификуван, во согласност со Законот за откуп на земјиштето

Бог им го дал на Израелците "законот за откуп на земјиштето," којшто го налага следното: земјата не може за стално да биде продадена; па ако некој осиромаши и го продаде земјиштето свое, неговиот најблизок роднина или самиот тој, може да дојде и да си ја откупи земјата, враќајќи ја со тоа сопственоста врз земјата (Левит 25:23-28).

Бог однапред знаел дека Адам ќе се откаже од авторитетот што го добил од Бога, и ќе му го предаде на ѓаволот, заради своето непочитување и непокор. Понатаму, како вистинскиот и изворниот Сопственик на сите нешта во универзумот, Бог му ги предал на ѓаволот авторитетот и славата што некогаш Адам ги поседувал, како што е запишано во законот на духовниот свет. Затоа ѓаволот можел да го искушува Исуса во Лука 4, покажувајќи Му ги сите кралства на светот, и можел да Му каже, "Ќе ти ја дадам сета власт и нивната слава; затоа што мене ми беше предадена, и ја давам кому што ќе посакам" (Лука 4:6-7).

Согласно со законот за откуп на земјиштето, сета земја Му припаѓа на Бога. Затоа човекот никогаш не може да ја продаде за стално, и затоа кога ќе се појави некоја личност со соодветни квалификации, продадената земја мора да му биде вратена во сопственост. Слично на ова, сите нешта во универзумот Му припаѓаат на Бога, па затоа Адам не можел да го "продаде" за стално авторитетот што му бил даден, а ниту пак ѓаволот, можел да ги има во сопственост засекогаш. Затоа, кога ќе се појавела личноста која што е доволно способна да го врати изгубениот авторитет на Адама, непријателот ѓаволот немал друг избор, освен да го предаде истиот, што некогаш му припаѓал на Адама.

Уште од пред почетокот на времињата, Богот на правдата го припремил безгрешниот човек, кој што според законот за откуп на земјиштето, бил доволно квалификуван и претставувал пат на спасението за човештвото, а тоа е Исус Христос.

Како тогаш, во согласност со законот за откуп на земјиштето, можел Исус Христос повторно да му го врати изгубениот авторитет на Адама, којшто некогаш му бил предаден на ѓаволот? Едноставно кога Исус ги достигнал четирите потребни квалификации за тоа, Тој можел да ги откупи сите гревови на луѓето и повторно да го врати авторитетот, што некогаш му бил предаден на непријателот ѓаволот.

Како прво, откупителот на човештвото мора да биде човек, кој што ќе биде Адамов "најблизок роднина."

Левит 25:25 ни кажува, "Ако осиромаши твојот ближен, па почне да продава дел од својот имот, тогаш нека дојде најблискиот роднина негов, и нека го откупи она што го продал неговиот брат." Бидејќи "најблискиот родинина" може да го откупи имотот, за да може повторно да го воспостави авторитетот на Адама, којшто тој го има предадено, тој "најблизок роднина" мора да биде човек. 1

Коринтјаните 15:21-22 гласи вака, "Бидејќи смртта дојде преку човекот, преку човекот исто така, стана и воскресението од мртвите. И како што по Адама сите умираат, така и во Христа сите ќе оживеат." Со други зборови, како што смртта дојде преку непокорот на еден човек, така и воскресението на мртвиот дух, мора да биде исполнето преку покорноста на еден човек.

Исус Христос е "Словото [што] стана тело" и дојде долу на земјата (Јован 1:14). Тој е Синот Божји, роден во тело, со божествена и човечка природа во Себе. Понатаму, неговото раѓање е историски факт, а постојат и голем број докази, коишто можат да го посведочат овој факт. Најочигледниот факт е тој, што човештвото ги брои годините со ознаките, "B.C.(П.Х.)" или "Before Christ-Пред Христа" и "A.D.(Г.Х.)" или "Anno Domini-Година Господова" на латински, што значи "година на нашиот Господ."

Бидејќи Исус Христос дошол на земјата во тело, Тој е "најблискиот роднина" на Адама, и ја исполнува првата неопходна квалификација.

Како второ, откупителот не смее да биде наследник на Адама.

За да може една личност да ги откупи гревовите на некоја друга, таа не смее и самата да биде грешник. Сите потомци на Адама, кој што самиот станал грешен преку своето непочитување и непокор, и самите се грешни. Затоа, во согласност со законот за откуп на земјиштето, откупителот не смее да биде потомок на Адама.

Во Откровение 5:1-3 е запишано следното:

И видов во десната рака на Оној, Кој што седеше на престолот, книжен свиток, испишан одвнатре и однадвор, и запечатен со седум печати. И видов силен ангел, како објавува со силен глас: "Кој е достоен да го отвори свитокот, и да ги скрши печатите негови?" Но немаше човек, ниту на Небесата, ниту на земјата, ниту под земјата, кој што можеше да го отвори свитокот, и да погледне во него.

Тука, свитокот "запечатен со седум печати" се однесува на договорот искован помеѓу Бога и ѓаволот, откако Адам бил непокорен, а оној кој што е "достоен да го отвори свитокот и да ги скрши печатите негови" мора да биде квалификуван во согласност со законот за откуп на земјиштето. Кога апостолот Јован погледнал наоколу, барајќи го тој што би можел да го отвори свитокот и да ги скрши печатите негови, тој не мжел да најде никого.

Јован погледнал на Небесата и видел дека таму има ангели, но немало луѓе. Погледнал и на земјата, но тука единствено ги видел потомците на Адама, кои што и самите биле грешници. Погледнал и под земјата, каде што ги видел само грешниците кои што биле осудени на Пеколот, и суштествата кои што му припаѓале на ѓаволот. Јован горко заплакал бидејќи не можело да се најде никој, кој што би можел да биде доволно квалификуван согласно со законот за откуп на земјиштето, и би можел да погледне во свитокот (с. 4).

Тогаш еден од старешините му кажал на Јована, тешејќи го, "Не плачи; ете, победи лавот од племето на Јуда, коренот Давидов, за да може да го отвори свитокот, и да ги скрши печатите негови" (с. 5). Тука, "лавот од племето на Јуда, коренот Давидов," се однесува на Исуса, Кој што потекнува од племето на Јуда, и од домот Давидов; Исус Христос е квалификуван за да може да биде откупителот, согласно со законот за откуп на земјиштето.

Во Матеј 1:18-21, можеме да прочитаме детали во врска со раѓањето на нашиот Господ:

А раѓањето на Исуса Христа се случи вака: кога мајката Негова Марија се сврши со Јосифа, уште пред да се состанат, во неа се зачна детето од Светиот Дух. А Јосиф, мажот нејзин, бидејќи беше праведен и не сакаше јавно да ја посрамоти, намисли тајно да ја остави. Но штом го намисли тоа, ете, ангел Господов му се јави на сон, и му рече: Јосифе, сине Давидов, не плаши се да ја земеш Марија, жената своја, бидејќи зачнатото во неа е од Светиот Дух. Таа ќе роди син, и ти ќе Му го дадеш името ИСУС, затоа што Тој ќе го спаси народот Свој од гревовите негови."

Причината поради која Единствениот Син Божји, Исус Христос, дошол на овој свет во тело (Јован 1:14) преку матката на Девицата Марија, е затоа што Исус требало да биде човек, но воедно не смеел да биде и потомок на Адама, за да може да се квалификува во согласност со законот за откуп на земјиштето.

Како трето, откупителот мора да ја поседува силата.

Да претпоставиме дека помладиот брат осиромаши и биде принуден да си ја продаде земјата, а неговиот постар брат сака да ја откупи истата за својот брат. Тогаш, постариот брат треба да најде доволно средства за да може да ја откупи земјата на својот брат (Левит 25:26). Слично на тоа, ако помладиот брат е во долгови, а постариот сака да ги отплати, тогаш тој треба да ги има "доволните средства" за тоа, а не само добрата намера.

Според истото значење, за да се претвори грешникот во праведник, потребни се "доволни средства" на силата. Тука, силата за да се откупи земјиштето се однесува на силата којашто е потребна за да се откупат гревовите на луѓето. Со други зборови кажано, откупителот на гревовите на сите луѓе, Кој што е квалификуван во согласност со законот за откуп на земјиштето, не смее да има во себе никаков грев.

Поради тоа што Исус Христос не е потомок на Адама, Тој во Себе го нема изворниот грев. Исус Христос исто така во Себе ги нема ниту самоизвршените гревови, бидејќи се придржувал до законот, сè до Својата 33-годишна возраст. Тој бил обрежан тука на земјата, на осмиот ден од Своето раѓање, пред да го започне Своето тригодишно свештенствување. Тој во целост ги почитувал и сакал Своите родители, и посветено ги запазил сите заповеди Божји.

Затоа е запишано во Евреите 7:26, "Затоа што таков Првосвештеник ни требаше и нас, свет, невин, непорочен, одвоен од грешниците, и воздигнат над самите Небеса." Во 1 Петар 2:22-23, можеме да прочитаме, "Тој [Христос] не направи грев, ниту пак се најде измама во устата Негова; кога беше навредуван, на навредата не возвраќаше со навреда; кога страдаше, не се заканување, туку се предаде Себеси на Оној, Кој што суди праведно."

Како четврто, откупителот мора да ја поседува љубовта.

За да може да се направи откуп на земјиштето, како дополнение на трите горенаведени услови, потребна е и љубовта. Без љубов, постариот брат, кој што е способен да ја откупи земјата за својот помлад брат, нема да може да го направи тоа. Дури и ако постариот брат е најбогатиот човек на земјата, а помладиот да има астрономска цифра долг, без љубов во срцето постариот брат не би му помогнал на помладиот. Од каква корист би му биле тогаш на помладиот брат, моќта и богатството на постариот брат?

Во Рут 4 е опишана приказната за Воз, кој што бил свесен за состојбата во којашто се нашла Рутината свекрва Ноемина. Кога Воз го прашал "најблискиот роднина откупител" да го откупи наследството на Ноемина, тој одговорил, "Не можам да го направам тоа, за да не го доведам во опасност сопственото наследство. Откупи го ти; можеш да го имаш правото на откуп, затоа што јас не можам да го сторам тоа" (с. 6). Тогаш Воз, во својата обилна љубов, го откупил земјиштето на Ноемина. Понатаму, Воз бил во голема мерка благословен, со тоа што станал предокот на Давида.

Исус, Кој што дошол на светов во тело, не бил потомок на Адама, затоа што бил зачнат од страна на Светиот Дух, и немал извршено никаков грев. Затоа, Тој имал "доволно средства" за да ни ги откупи гревовите. Ако Исус во Себе на ја поседувал љубовта, Тој сепак, не би ја издржал агонијата на распетието. Но, Исус бил толку исполнет со љубов, што дозволил да биде распнат од обичните созданија, ја пролеал Својата скапоцена крв, и ги откупил гревовите на човештвото, отворајќи го со тоа патот за спасението. Ова е резултат на огромната љубов на Богот Отецот, и жртвата на Исуса, Кој што толку се потчинил, што не се изменил сѐ до точката на самата смрт.

Причината поради која Исус бил закачен и висел на дрво

Зошто Исус бил закачен на дрвениот крст? Тоа било така, за да се исполни законот на духовниот свет, којшто диктира дека "Христос нѐ откупи од проклетството на Законот, откако Самиот стана проклет заради нас, затоа што е запишано, 'Проклет да е секој кој шт виси на дрво'" (Галатјаните 3:13). Исус бил закачен и висел на дрво заради нас, за да нѐ откупи нас грешниците од "проклетството на законот."

Левит 17:11 ни кажува, "Затоа што животот на телото е во крвта, Јас ја дадов за вас на олтарот, за да направам откуп на вашите души; затоа што преку крвта се прави откуп на животот." Евреите 9:22 гласи, "И согласно Законот, речиси сѐ се чисти со крв, и без пролевањето крв, нема проштевање."

Крвта е животот, затоа што "нема проштевање" без пролевањето крв. Исус ја пролеал Својата безгрешна, скапоцена крв, за да можеме ние да се здобиеме со живот.

Понатаму, преку страдањата на крстот, верниците се ослободени од проклеството на болестите, слабостите, сиромаштијата и другите нешта. Поради фактот што Исус го проживеал Својот земен живот во сиромаштија, Тој на Себе ја земал нашата сиромаштија. Поради тоа што бил камшикуван, нѐ откупил од страдањата на болестите. Поради тоа што ја носел круната од трње на Својата глава, Тој ни ги откупил гревовите извршени во мислите. Поради тоа што бил закован на крстот низ Неговите раце и нозе, Тој ни ги откупил гревовите кои ги извршуваме преку рацете и нозете.

Да веруваме во Господа, значи да се измениме во вистината

Луѓето кои што навистина ја сваќаат промислата на крстот, и веруваат во неа од сѐ срце, ќе се ослободат од гревовите и ќе почнат да го живеат животот според волјата на Бога. Како што Исус ни кажува во Јован 14:23, "Ако некој Ме љуби Мене, тогаш тој ќе го запази Моето Слово; а Отецот Мој ќе го сака, па Ние ќе му пријдеме и ќе почнеме да пребиваме во него," таквите личности ќе ги примат Божјата љубов и благословите.

Зошто тогаш луѓето кои што ја исповедаат својата вера во Господа, не ги примаат одговорите на своите молитви, и го живеат животот исполнет со испитанија и страдања? Тоа е така бидејќи, дури и да се исповедаат дека веруваат во Бога, Бог не ја признава нивата вера за вистинска. Тоа значи дека и покрај слушањето на Словото Божјо, тие сеуште не се ослободиле од своите гревови, и не се измениле себеси во вистината.

На пример, постојат голем број на верници кои што не успеваат да ги испочитуваат Десетте Заповеди, коишто ја претставуваат основата, фундаментот на животот во Христа. Таквите личности се свесни за заповедта "Спомнувај си за денот на одмор Сабат, за да ја зачуваш светоста негов." Но, единствено присуствуваат на утринските богослужби, или воопшто не доаѓаат на ниедна богослужба, посветувајќи ѝ се на сопствената работа во денот којшто треба да му е посветен на Господа. Тие знаат дека треба редовно да ги даваат десетоците на црквата, но бидејќи парите им се подраги од сѐ, тие не успеваат во тоа. Кога Бог ни кажал дека недавањето на правилните десетоци е исто што и "крадење" од Него, како тогаш таквите луѓе очекуваат да ги примат одговорите на своите молитви и благословите од Него (Малахија 3:8)?

Потоа постојат верници кои никако не можат да им ги простат грешките на другите луѓе. Тие се лутат и коваат планови за одмазда, исто како и злите луѓе. Некои даваат ветувања, а постојано ги кршат, додека други пак ги обвинуваат ближните и паѓаат во жалост, токму онака, како што тоа го прават и обичните световни луѓе. Како тогаш можат да кажат дека ја поседуваат вистинската вера во себе?

Ако ја поседуваме вистинската вера, тогаш мораме да се бориме да ги извршуваме сите нешта според волјата на Бога, да го избегнуваме секое зло, и да наликуваме на Господа, Кој што го предал Својот сопствен живот за нас грешниците. Луѓето кои што се такви, лесно можат да простат и да ги сакаат дури и оние кои што ги мразат и повредуваат, и секогаш да им служат и да се жртвуваат за другите.

Кога ќе се ослободите од нервозата, ќе успеете да се трансформирате себеси во добра личност, чиишто усни единствено и постојано, ќе ги говорат топлите зборови на добрината. Ако претходно постојано сте се жалеле, преку вистинската вера ќе успеете да ја оддавате благодарноста во секоја ситуација од животот, и да ја споделувате милоста и благодетта со сите околу вас.

Ако навистина веруваме во Господа, секој од нас мора да наликува на Него, и да го води трансформираниот живот во вера. Тоа е начинот преку кој можеме да ги примиме одговорите и благословите од Бога.

Посланието на Евреите 12:1-2 гласи вака:

Затоа и ние, имајќи околу себе толкав облак сведоци што нѐ опкружуваат, да ги положиме настрана секое бреме и грев, што лесно се прилепуваат до нас, и со трпение да трчаме на претстојната трка, имајќи го пред очите Исуса, Зачетникот и Исполнителот на верата, Кој поради радоста пред Него го истрпе крстот, презирајќи го срамот, и седна оддесно од престолот на Бога.

Освен многуте татковци на верата кои се запишани во Библијата, постојат и многу други меѓу нас, кои што ги примиле спасението и благословите преку својата вера во Господа.

Затоа, имајќи "голем облак сведоци," да ја поседуваме вистинската вера! Да го отфрлиме сето она што нѐ попречува, а воедно и гревовите што лесно нѐ врзуваат, и да се бориме да наликуваме на Господа! Тогаш, како што Исус ни ветил во Јован 15:7, "Ако останете во Мене, и ако зборовите Мои пребиваат во вас, барајте што и да посакате, и ќе ви биде дадено," секој од нас ќе го живее животот полн со одговори и благослови од Бога.

Ако сеуште не го водите таквиот живот, погледнете назад во својот живот, и искинете ги своите срца во покајание, заради неправилното верување во Господа, живеејќи ги своите животи единствено според Словото Божјо.

Се молам во името на нашиот Господ Исус Христос, секој од вас да ја добие вистинската вера, да ја доживее силата Божја, и во голема мерка да Го велича и прославува Бога, заради добиените одговори и благослови од Него!

Порака 3
Сад поубав од скапоцен камен

2 Тимотеј 2:20-21

*А во голем дом
има не само златни и сребрени садови,
туку и дрвени и земјени,
едните се за благородна,
а другите за неблагородна употреба.
Затоа, ако некој се очисти себеси од овие нешта,
ќе стане сад за чесна употреба,
осветен, полезен за домаќинот,
и приготвен за секое добро дело*

Бог го создал човештвото, за да може да ги пожнее вистинските чеда Божји, со кои што ќе може да ја споделува вистинската љубов. Но, луѓето грешеле, се оддалечувале од вистинската намена на своето создание, и станале робови на непријателот ѓаволот и Сатаната (Римјаните 3:23). Богот на љубовта, сепак, не се откажал од Својата цел да ги пожнее вистинските чеда Божји. Тој го отвоирил патот на спасението за луѓето кои што го живееле својот живот во гревовите. Бог дозволил Неговиот Еден и Единствен Син, Исус Христос, да биде распнат на крстот, за да ни ги откупи гревовите.

Преку ваквата прекрасна љубов придружена со големата жртва, патот на спасението ќе биде отворен за секого кој што верува во Исуса Христа. На секого, кој што во срцето свое верува дека Исус умрел и воскреснал од мртвите, кој што се исповеда со своите усни дека Исус е Спасителот, му е дадено правото да стане чедо Божјо.

Божјите сакани чеда наликуваат на прекрасни "Садови"

Како што гласи 2 Тимотеј 2:20-21, "А во голем дом има не само златни и сребрени садови, туку и дрвени и земјени, едните се за благородна, а другите за неблагородна употреба. Затоа, ако некој се очисти себеси од овие нешта, ќе стане сад за чесна употреба, осветен, полезен за домаќинот, и приготвен за секое добро дело," намената на секој сад е да содржи во себе нешто. Бог ги споредил Своите чеда со "садови" затоа што сакал тие да се исполнат со љубов, благодет и со Неговото дело, коешто е вистината, а воедно и со Неговата сила и авторитет. Затоа треба да знаеме дека, во зависност од тоа каков сад сме постанале и сме се приготвиле себеси, ќе можеме да уживаме во сите добра и благослови, коишто Бог ги има припремено за нас.

Каков вид на сад тогаш, претставува една личност која што може да ги содржи сите благослови, што Бог ги има подготвено? Тоа е сад, којшто Бог го смета за скапоцен, благороден и убав.

Како прво, "скапоцен" сад е оној сад, којшто во целост ја исполнува од Бога зададената должност. Јован Крстител, кој што го подготвил патот за нашиот Господ Исус Христос, и Мојсије, кој што ги повел Израелците надвор од Египет. Тие ѝ припаѓаат на оваа категорија.

Како следно, "благороден" сад е оној сад, што ги содржи квалитетите како што се чесноста, вистинитоста, одлучноста и верноста, коишто се ретки кај обичните луѓе. Јосиф и Даниел, и двајцата ги имале позициите слични на премиерските места од силните држави во денешно време, па затоа и во голема мерка му ја оддавале славата на Бога. Тие ѝ припаѓаат на оваа категорија.

Како последно, "убав" сад пред Бога е оној, којшто во себе го поседува доброто срце, коешто никогаш не се впушта во расправии или караници, туку во вистината ги прифаќа и толерира сите такви нешта. Естер, која ги спасила своите земјаци, и Авраам, кој што бил наречен "пријателот" Божји, ѝ припаѓаат на оваа категорија.

"Садот поубав од скапоцен камен" е личноста, која што ги поседува квалификациите да биде сметана за скапоцена, благородна и убава, од страна на Бога. Ако скриеме скапоцен камен меѓу ситните зрна чакал, тој веднаш ќе биде забележлив. Слично на тоа, луѓето Божји, кои што се поубави дури и од скапоцените камења, се сигурно забележливи меѓу другите луѓе.

Повеќето од скапоцените камења се вредни заради нивната големина, но она што ги привлекува луѓето е нивниот сјај и посебните убави бои. Но, не сите камења кои сјаат се сметаат за скапоцени камења. Оригиналните скапоцени камења мораат исто така, покрај нијансите и сјајот, да ја поседуваат и физичката цврстина. Тука, "физичка цврстина" се однесува на способноста на материјалот да ја поднесе топлината, да не може да се загади преку контактот со други супстанции, и да си ја задржи својата форма. Друг важен фактор е реткоста.

Ако постои сад со величествена сјајност и физичка цврстина, кој воедно е редок, тогаш колку скапоцен, благороден и убав сад би бил тој? Бог сака Неговите чеда да станат садови коишто се поубави од самите скапоцени камења, и сака да ги гледа како водат благословени животи. Кога Бог ќе открие некој таков сад, Тој веднаш обилно ги истура во него знаците на Својата љубов и радост.

Како можеме да станеме садови, коишто се поубави од самите скапоцени камења во очите на Бога?

Како прво, морате да го исполните осветувањето на своето срце преку Словото Божјо, коешто е самата вистина.

За да може еден сад да биде употребен во согласност со неговата изворна намена, пред сè тој мора да биде совршено чист. Дури и скапиот, златен сад не може да се употреби ако е извалкан со дамки и исполнет со смрдеа. Единствено кога таквиот сад ќе биде исчистен со вода, тој може да биде употребен во согласност со неговата намена.

Истото се однесува и на чедата Божји. За нив Бог подготвил изобилство благослови и различни подароци, меѓу кои се благословите на богатството и здравјето, и многу други нешта. За да можеме да ги примиме овие благослови и подароци, пред сè мораме да се подготвиме себеси за тоа, и да станеме чисти и убави садови Божји.

Во Еремија 17:9, можеме да прочитаме, "Човечкото срце е полукаво од сè и е целосно расипано; кој би можел да го разбере?" Исто така читаме и во Матеј 15:18-19, како Исус кажува, "А нештата што излегуваат од устата произлегуваат од срцето, и тие се нештата што го онечистуваат човекот. Затоа што од срцето произлегуваат зли мисли, убиства, прељуби, блудства, кражби, лажни сведоштва, клевети." Затоа, единствено кога ќе си ги очистиме своите срца, ќе можеме да станеме чисти садови Божји. Откако ќе станеме чисти садови, тогаш никој од нас нема да помисли "зли мисли," да говори зли зборови, или да извршува зли дела.

Очистувањето на нашите срца е можно единствено преку духовната вода, т.е. Словото Божјо. Затоа Тој не поттикнува во Ефесјаните 5:26 да се осветиме [себеси], очистувајќи се [себеси] преку капењето во водата на Словото," а во Евреите 10:22 нè охрабрува да "да пристапиме со искрено срце во полна увереност во верата, со срца кои преку попрскување се очистени од зла совесет, и со тела очистени во чиста вода."

Како тогаш, духовната вода – Словото Божјо – може да нѐ очисти? Мораме да им се покориме на различните заповеди коишто се наоѓаат во шеесет и шесте книги од Библијата, коишто служат за "очистување" на нашите срца. Почитувањето на заповедите како што се "Не прави" и "Отфрли", на крајот ќе нѐ поведат кон ослободувањето од сите нешта што се грешни и зли.

Однесувањето на оние кои што си ги имаат очистено своите срца преку Словото Божјо, исто така ќе се измени, и ќе почне да светли со светлината на Исуса Христа. Но, почитувањето на Словото не може да се исполни единствено преку сопствената сила и волја на некоја личност; Светиот Дух мора да биде водич и помагач во тој процес.

Кога ќе го чуеме и разбереме Словото Божјо, кога ќе си ги отвориме своите срца, и ќе го прифатиме Исуса Христа за наш Спасител, Бог ќе ни го даде Светиот Дух на дар. Светиот Дух пребива во луѓето кои што го имаат прифатено Исуса Христа за свој Спасител, и им помага да го чујат и сватат Словото на вистината. Светото Писмо ни кажува дека "Она што е родено од телото, тело е, а она што е родено во Духот, дух е" (Јован 3:6). Чедата Божји кои што го имаат примено Светиот Дух на дар, можат секојдневно да се ослободуваат себеси од гревот и злото, преку силата на

Светиот Дух, и да станат луѓе на духот.

Дали се чувствувате нервозно и загрижено, мислејќи си, 'Како ќе можам да ги испочитувам сите тие заповеди?'

1 Јован 5:2-3 нѐ потсетува, "Преку тоа познаваме дека ги сакаме чедата Божји, кога го сакаме Бога и ги запазуваме заповедите Негови. Затоа што ова е љубовта Божја, да ги запазуваме заповедите Негови; а заповедите Негови не се тешки." Ако го сакате Бога од длабичините на своите срца, тогаш почитувањето на Неговите заповеди не би требало да ви претставува потешкотија.

Кога родителите ги раѓаат своите чеда, тие се грижат во секој поглед за нив, вклучувајќи ги тука хранењето, облекувањето, капењето и сите други потребни нешта. Од друга страна пак, ако се грижат за некое друго дете, кое што не е нивно, грижата може да им изгледа како голем товар. Но ако се грижат за своите сопствени деца, тогаш грижата никогаш нема да им претставува товар и оптеретување. Дури и кога детето се буди во текот на ноќта, родителите не чувствуваат никаков проблем заради таа грижа; тие едноставно многу го сакаат своето чедо. Правењето нешта за личностите кои што ги сакаме, претставува извор на голема радост и среќа; тоа никогаш не ни претставува оптеретување, ниту пак не вознемирува. Според истото такво значење, ако навистина веруваме дека Бог е Отецот на нашите души, и веруваме во Неговата неизмерна љубов, во тоа дека го дал Својот Еден и Единствен Син да биде распнат на крстот заради нас, како тогаш би можеле да не Го сакаме Него? Понатаму, ако го сакаме Бога, тогаш животот според Неговото Слово нема да ни преставува потешкотија. Наместо тоа, ќе ни претставува тешкотија ако не ги живееме своите животи според Него, или ако не ѝ се покоруваме на Неговата волја.

Јас лично страдав од голем број на болести, во текот на седум години, сè додека мојата постара сестра не ме одведе во светилиштето Божјо. Кога го примив огнот на Светиот Дух во себе, којшто ме излекува од сите болести во еден миг, јас клекнав во светилиштето, и го сретнав живиот Бог. Тоа се случи на 17-ти април, 1974. Затоа потоа почнав да присуствувам на сите богослужби, чувствувајќи ја огромната благодарност за Божјата милост кон мене. Во ноември таа година, јас присуствував на мојот прв оживувачки состанок, на којшто почнав да го изучувам Неговото Слово и основите на животот во Христа:

'Ах, тоа е она, што на Бога му е угодно!'
'Морам да ги отфрлам сите мои гревови.'
'Ова е тоа што се случува кога верувам!'

Авторот Др. Церок Ли

'Морам да престанам да пушам и да пијам.'
'Морам постојано да се молам.'
'Давањето десеток е задолжително нешто, и не смеам да се појавам пред Бога со празни раце.'

Цела седмица го примав Словото единствено преку изговарањето на зборот "Амин!" во своето срце.

По оживувачкиот состанок, престанав да пушам и да пијам, и почнав да давам десетоци и понуди благодарници кон Бога. Исто така почнав да се молам уште рано наутро во зората, и постепено станав човек на молитвата. Го правев токму она што го имав чуено и научено, а почнав и самиот да ја читам Библијата.

Преку силата на Бога, јас бев излекуван во еден миг, од сите мои болести и слабости, што не можеа да се излекуваат со некои световни средства. Затоа можев во целост да верувам во секој стих и глава од Библијата. Бидејќи бев почетник во верата во тоа време, постоеа некои делови од неа, што не можев лесно да ги разберам. Но, заповедите кои можев да ги разберам, почнав веднаш да ги запазувам и почитувам. На пример, кога Библијата ми кажа дека не смеам да лажам, јас си реков, "Лажењето е грев! Библијата ми кажува дека не смеам да лажам, па затоа нема да лажам."

Исто така се помолив, "Боже, помогни ми да го отфрлам ненамерното лажење!" Не дека јас ги мамев луѓето преку злото срце во мене, туку сепак постојано се молев да не се доведам во ситуација дури и ненамерно да изговорам лага.

Голем број на луѓе лажат, и повеќето од нив не ни сваќаат дека лажат. Кога некој, со кој што не сакате да зборувате, ќе ви се јави по телефон, дали ноншалантно сте им кажале на своите деца, колеги или пријатели, да ѝ кажат на таа личност "Кажи му дека не сум тука"? Голем број на луѓе кажуваат лаги заради чувството на "обзир" кон другите. Таквите личности, на пример, кажуваат дека не се гладни, ако бидат прашани дали сакаат да јадат, иако се гладни или жедни, заради желбата да не претставуваат "тешкотија" за домаќините, па често кажуваат, "Не благодарам, јадев (или пиев) нешто, пред да дојдам тука." Сепак, откако сватив дека лажењето, дури и со добра намера, сепак претставува лажење, почнав постојано да се молам да го отфрлам истото, за на крајот да успеам да го надминам дури и таквото ненамерно лажење.

Понатаму направив листа на нештата коишто се зли и грешни, и кои морам да ги отфрлам, па почнав да се молам за тоа. Единствено кога стануваше убеден дека сум успеал во намерата да отфрлам некое зло, грешна навика или дело, го прешкртував на листата и продолжував понатаму. Ако постоеше нешто што не успевав да го отфрлам лесно, дури и по решителната молитва, тогаш без колебање се оддавав на пост и молитва. Ако не успевав дури ниту по тридневното молење и пост да го отфрлам тоа, го продолжував постот на пет дена. Ако пак го повторував истиот грев, тогаш се оддавав и на седумденевен пост. Сепак, ретко се случуваше да морам да се оддадам на целоседмичен пост; по тридневното постење успевав да ги отфрлам повеќето од гревовите и злото. Колку што повеќе ги отфрлав злото и гревовите, преку процесот на покајание, толку повеќе стануван сѐ почист и поубав сад Божји.

По три години откако го сретнав Господа, успеав да ги отфрлам сите непокорни нешта кон Словото Божјо, и можев да бидам сметан за чист сад во очите на Бога. Како дополнение, откако вредно ги запазував заповедите "Прави" и "Запази," за кратко време можев да го живеам својот живот според Словото. Откако успеав да се претворам себеси во чист сад, Бог изобилно ме опсипа со благослови. Мојата фамилија го прими благословот на здравјето. Потоа лесно можев да си ги отплатам своите долгови. Примив благослови и во физичка и во духовна смисла. Тоа е така, бидејќи Библијата нѐ уверува во следното: "Возљубени, ако срцето не нѐ осудува, имаме доверба пред Бога; па што и да побараме, добиваме од Него, бидејќи ги запазуваме заповедите Негови и ги правиме нештата што му се благоугодни во очите Негови" (1 Јован 3:21-22).

Како второ, за да станеме сад поубав од скапоцениот камен, мораме да бидеме "оплеменети и прочистени преку огнот" и да ја оддаваме духовната светлина од нас.

Скапите драги камења коишто се наоѓаат на прстените или огрлиците, некогаш биле непрочистени. Но, откако биле прочистени и оплеменети преку работата на каменоресците, почнале да ја оддаваат брилијантната светлина и да го носат убавиот облик.

Токму онака, како што овие вешти каменоресци ги сечат, полираат и оплеменуваат преку огнот драгите камења, претворајќи ги во прекрасни форми со неверојатен сјај, токму така Бог ги дисциплинира и оплеменува Своите чеда. Тој не ги дисциплинира заради нивните гревови, туку заради тоа што, преку дисциплинирањето, тие можат да станат поблагородни, а Тој ќе може да ги благослови и во физичка и во духовна смисла. Гледајќи преку очите на Неговите чеда, кои немаат извршено никаков грев или престап, можеби ќе им изгледа дека неправедно мораат да истрпат болки низ страдањата на испитанијата и искушенијата. Сепак, тоа е процесот преку кој Бог ги дисциплинира Своите чеда, за да можат да почнат да ги оддаваат уште поубавите бои и сјајот на светлината.

1 Петар 2:19 гласи, "Затоа што е благодет, ако некој неправедно страда и поднесува маки, заради сознанието за Бога." Исто така можеме да прочитаме и дека, "та доказот за вашата вера, којашто е поскапоцена од пропадливото злато, кое се испитува во огнот, да се покаже за пофалба, слава и чест, при откровението на Исуса Христа" (1 Пстар 1:7).

Дури и кога чедата Божји веќе ги имаат отфрлено сите видови на зло и станале осветени садови, сепак Бог, во време кога Тој ќе посака, дозволува да бидат дисциплинирани и ставени под испитание, за да можат да станат уште поубави садови од самите скапоцени камења. Како што ни кажува вториот дел од 1 Јован 1:5, "Бог е Светлина, и во Него воопшто нема темнина," бидејќи Бог е самата славна Светлина, без недостаток или вина, па затоа ги води и Своите чеда кон истото ниво на светлина.

Затоа, кога ќе успеете да ги надминете некои од Бога дадени испитанија, преку добрината и љубовта во себе, стануватe сè посјајни и поубави садови. Нивото на духовниот авторитет и сила, се разликува во согласност со сјајноста на духовната светлина кај личноста. Потоа, кога ќе засјае духовната светлина, непријателот ѓаволот и Сатаната немаат место каде што би можеле да застанат.

Во Марко 9 е опишана сцената во којашто Исус изгонува зол дух од едно момче, чијшто татко го молел Исуса за исцелување на синот. Исус го прекорил лошиот дух. "Глув и нем духу, ти заповедам, излези од него и не влегувај повеќе во него." (с. 25). Лошиот дух го напуштил детето, кое потоа повторно станало здраво. Пред оваа сцена, во друга епизода, во којашто таткото го довел својот син пред учениците на Исуса, тие не успеале да го изгонат лошиот дух. Тоа било така, бидејќи нивото на духовната светлина на учениците, и нивото на духовната светлина на Исуса, биле многу различни.

Што тогаш, би требало да направиме, за да успееме да влеземе во нивото на духовната светлина на Исуса? Можеме да бидеме победници во испитанијата, преку едноставното сакање на своите непријатели. Последователно на тоа, откако нашата добрина, љубов и праведност почнат да се сметаат за изворни, исто како и кај Исуса, и ние ќе можеме да изгонуваме лоши духови и да исцелуваме болести и слабости кај луѓето.

Благословите за садовите поубави од драгите камења

По долгогодишното чекорење по патот на верата, јас исто така поминав и истрпев многу испитанија. На пример, кога бев обвинет во една телевизиска програма, пред некоја година, поминав низ испитание, коешто беше болно и агонизирачко, како и самата смрт. Понатаму, луѓето кои ја примија милоста преку мене, и многу други кои ги сметав за блиски семејни пријатели, ми го свртеа грбот и ме предадоа.

Гледано од страна на световните луѓе, јас станав предмет на недоразбирање и цел на обвинување, а многу членови од црквата Манмин поминаа низ страдања и беа неправедно обвинети, исто така. Сепак, членовите на црквата Манмин и јас самиот, преку добрината и љубовта, успеавме да ги надминеме испитанијата. Ставајќи сѐ во рацете на Бога, се молевме на Богот на љубовта и милоста, да им даде проштевање на луѓето кои нѐ напаѓаа.

Јас не ги мразев, ниту запоставив оние кои што нѐ напуштија и ја отежнаа ситуацијата во црквата. Среде овие болни испитанија, јас искрено верував дека Богот Отецот ме сака. Затоа можев да се соочам со оние кои што ми нанесоа зло, преку добрината и љубовта коишто пребиваа во мене. Исто како што еден студент го прима признавањето за својата вредна работа преку испитот, исто така и јас, откако мојата вера, добрина, љубов и праведност беа признаени од страна на Бога, добив благослов од Него, да можам да ја изведувам и манифестирам Неговата сила.

По испитанието, Тој ми ги отвори портите, преку кои можев да ги исполнам моите светски мисии. Бог делуваше на тој начин, да десетици илјади, стотици па дури и милиони луѓе, се приклучат на прекуморските крстоносни походи, коишто ги организирав, и беше со мене, преку Својата сила, што го надминува времето и просторот.

Духовната светлина со која Бог нѐ опкружува, е посветла и поубава од онаа која ја оддаваат скапоцените камења од овој свет. Бог ги смета Своите чеда што ги опкружува со Неговата духовна светлина, за садови коишто се поубави и посјајни од скапоцените камења.

Се молам во името на нашиот Господ Исус Христос, да секој од вас брргу ја достигне осветеноста, и да стане сад што ја оддава, преку искушенија докажаната духовна светлина, којшто е поубав и посјаен и од самите скапоцени камења!

Порака 4
Светлина

1 Јован 1:5

Ова е веста
што ја чувме од Него
и ви ја јавуваме вам:
Бог е Светлина,
и во Него воопшто нема темнина

Постојат повеќе видови на светлина, и секоја од нив ја поседува својата специјална прекрасна способност. Пред сѐ, светлината је осветлува темнината, обезбедува топлина, и ги убива штетните бактерии и габи. Преку светлината растенијата можат да се одржат во живот, низ процесот на фотосинтеза.

Сепак, постои физичката светлина, којашто можеме да ја видиме со нашите очи и да ја почувствуваме на себе, и постои духовната светлина, којашто не можеме физички да ја почувствуваме на себе, ниту да ја видиме. Исто како што физичката светлина поседува голем број на способности, исто така и духовната светлина има безброј способности. Кога светлината ноќе свети, темнината веднаш избледува и бега.

На истиот тој начин, кога духовната светлина ќе го осветли нашиот живот, духовната темнина бргу избледува, а ние чекориме во Божјата љубов и милост. Бидејќи духовната темнина е коренот на болестите и проблемите коишто ни се појавуваат во домот, на работното место, и во односите меѓу луѓето. Таа не ни дава можност за смирение. Но, кога духовната светлина ќе ги осветли нашите животи, тогаш проблемите што се надвор од човечкото познание можат да се решат и да ги добиеме одговорите на сите наши молитви и желби.

Духовна Светлина

Што претставува духовната светлина и како делува? Можеме да видиме во вториот дел од стихот во 1 Јован 1:5 дека "Бог е Светлина, и во Него воопшто нема темнина" и во Јован 1:1, "и Словото беше Бог." Да сумираме, "светлината" се однесува не само на Самиот Бог, туку исто така и на Неговото Слово, коешто е вистината, добрината и љубовта. Пред создавањето на сите нешта, во неизмерната пространост на универзумот, Бог егзистирал Самиот и немал никаква форма. Кога се соединиле светлината и звукот, Бог го создал целиот универзум. Брилијантната, величествената и убава светлина го опкружувала целиот универзум, и од неа произлегол прекрасниот, јасен и мелодичен глас.

Бог, Кој што постоел како светлина и звук, ја дизајнирал промислата за култивацијата на човештвото, и претворањето на луѓето во чеда Божји. Тој потоа заземал форма, разделувајќи се Себеси во Тројство, и по Својот Сопствен лик, го создал човекот. Но суштината на Бога сеуште е во светлината и звукот, и Тој сеуште делува преку светлината и звукот. Иако Тој е во обликот на човечките битија, во таквиот облик е и светлината и звукот на Неговата неизмерна сила.

Како дополнение на силата Божја, постојат и други елементи на вистината, вклучувајќи ги тука љубовта и добрината, коишто се составен дел од таа духовна светлина. Шеесет и шесте книги во Библијата се колекција на вистината на духовната светлина, што се искажани и изговорени преку звукот. Со други зборови, "светлината" се однесува на сите заповеди и на сите стихови во Библијата, коишто зборуваат за добрината, праведноста и љубовта, вклучувајќи ги тука и заповедите, "Сакајте се меѓу себе," "Непрестано молете се," "Запазувајте ја светоста на Сабатот," "Почитувајте ги Десетте Заповеди," и други.

Чекорете во светлината, за да можете да го сретнете Бога

Додека Бог владее со светот на светлината, непријателот ѓаволот и Сатаната владеат со светот на темнината. Затоа, бидејќи непријателот ѓаволот и Сатаната му се спротивставуваат на Бога, животот во темнината не може да ве поведе кон сретнувањето на Бога. Затоа, за да можете да го сретнете Бога, да ги решите своите проблеми во животот, и да почнете да ги добивате одговорите од Него, морате бргу да излезете од светот на темнината и да влезете во светот на светлината.

Во Библијата можеме да ги пронајдеме многуте заповеди кои гласат "Прави така". Тука се вклучени "Сакајте се меѓу себе," "Служете си едни на други," "Молете се," "Оддавајте ја благодарноста," и други. Постојат исто така и заповеди кои гласат "Запази" вклучувајќи ги тука "Запазете ја светоста на Сабатот," "Почитувајте ги Дестте Заповеди," "Почитувајте ги Божјите заповеди," и други. Потоа има голем број на заповеди кои гласат "Не прави", вклучувајќи ги тука, "Не лажи," "Не мрази," "Не ја барај сопствената корист," "Не обожувај идоли," "Не кради," "Не љубомори," "Не завидувај," "Не озборувај," и други. Постојат исто така заповеди кои гласат "Отфрли", вклучувајќи ги тука "Отфрли ги сите форми на зло," "Отфрли ги зависта и љубомората," "Отфрли ја алчноста," и други.

Од една страна, почитувањето на овие заповеди Божји значи да се живее животот во светлината, да се наликува на Господа, и да се наликува на Богот Отецот. Од друга страна пак, ако не го почитувате она што Бог ви го кажува, ако не ги запазувате нештата кои ви рекол да ги запазите, ако ги правите нештата за кои ви рекол да не ги правите, и не го отфрлате она што Тој ви кажал да го отфрлите, ќе продолжите да го живеете животот во темнината. Затоа, имајте го на ум тоа дека, непочитувањето на Словото Божјо значи живеење на животот во темнината, којшто е под власта на непријателот ѓаволот и Сатаната. Секогаш трудете се да го живеете животот според Словото Божјо и да чекорите во светлината.

Кога чекориме во Светлината, имаме заедништво со Бога

Како што ни кажува првиот дел од стихот 1 Јован 1:7, "Ако пак чекориме во Светлината, како што Самиот Тој е во Светлината, имаме заедништво со Него," единствено кога ќе чекориме и пребиваме во светлината, ќе можеме да кажеме дека имаме заедништво со Бога.

Исто како што постои заедништво помеѓу таткото и неговите деца, исто така треба и ние да имаме заедништво со Бога, со Отецот на нашите духови. Но, за да можеме да воспоставиме заедништво со Него и да го одржуваме истото, мораме да исполниме едно нешто: да го отфрлиме гревот преку чекорењето во светлината. Затоа, "Ако кажеме дека имаме заедништво со Него, а сепак чекориме во темнината, тогаш лажеме и не ја извршуваме вистината" (1 Јован 1:6).

"Заедништвото" не може да биде само од една страна. Самиот факт дека познавате некоја личност, не мора да значи дека имате заедништво и другарувате со неа. Единствено кога и двете страни ќе станат доволно блиски да се познаваат, да си веруваат, да зависат една од друга, и да разговараат помеѓу себе, може да се каже дека постои "заедништво" помеѓу двете страни.

На пример, повеќето од вас знаат кој е крал или претседател на државата. Без разлика колку и да имате познавање за претседателот, ако тој не ве познава вас, не може да се каже дека имате заедништво помеѓу себе. Понатаму, во другарувањето постојат различни длабочини. Можеби и двајцата сте само обични познаници; можеби сте блиски одвреме навреме, а тоа е доволно добро само за да се прашате како сте, кога ќе се видите; или пак можеби навистина имате присно пријателство, и си ги споделувате своите најдлабоки тајни.

Истото е и со другарувањето и заедништвото со Бога. За да можеме да кажеме дека нашето заедништво со Бога е вистинско другарување, Тој треба да го познае и признае истото. Ако го имаме вистинското заедништво со Бога, никогаш нема да се разболиме, ниту пак ќе почувствуваме немоќ, и нема да постои молитва, на којашто нема да добиеме одговор. Бог сака да им го даде на Своите чеда единствено најдоброто, и ни кажува во Второзаконието 28, дека кога во целост му се покоруваме на Бога и ги запазуваме Неговите Заповеди, ќе бидеме благословени кога ќе влегуваме, и ќе бидеме благословени и кога ќе излегуваме; ќе позајмуваме на други, но никогаш самите нема да позајмиме; и ќе бидеме глави, а не опаши.

Татковците на верата кои што имале вистинско заедништво со Бога

Каков вид на заедништво имал Давид со Бога, кого Тој го сметал за "човек по Моето срце" (Дела 13:22)? Давид цело време Го сакал, имал страв од Него, и во целост се потпирал на Бога. Кога бегал од Саула, или излегувал на бој во битките, исто како што едно детенце постојано го прашува едниот од своите родители што би требало да направи, исто така и Давид постојано го прашувал Бога, "Да одам ли? Каде треба да одам?" и постојано се покорувал на волјата Божја, и го правел она што Тој го барал од него. Понатаму, Бог секогаш му ги давал на Давида Своите нежни и детални одговори, па откако ќе го направел сето тоа, му биле давани победи по победи, од страна на Бога (2 Самоил 5:19-25).

Давид можел да ужива во убавото заедништво со Бога, затоа што поради својата вера, тој силно му угодувал на Бога. На пример, во раните години на владеењето на кралот Саул, Филистејците го нападнале Израел. Тие биле предводени од страна на Голијата, кој што ги исмевал Израелските трупи, богохулел и го валкал името на Бога. Но, ниту еден од војниците од Израелскиот камп, не се осмелил да одговори на предизвиците на Голијата. Во тој час, иако сеуште бил младо момче, Давид без оружје отишол да се соочи со Голијата, поседувајќи само чатал и пет камења од блискиот поток, бидејќи верувал во семоќниот Бог Израелски, и верувал дека победата на секоја битка Му припаѓа единствено Нему (1 Самуил 17). Бог делувал така што каменот од чаталот на Давида го погодил Голијата во чело. По смртта на Голијата, работите се превртеле, и Израел извојувал целосна победа.

Заради својата цврста вера, Давид бил сметан за "човек по Моето срце" од страна на Бога, и Тој со него, исто како што таткото и синот имаат присно пријателство и разговараат за секое нешто, исто така и Давид можел да разговара со Бога за сите нешта, и да ги прими одговорите за сите свои барања, имајќи го Бога на својата страна.

Библијата исто така ни кажува дека Бог зборувал со Мојсеја лице в лице. На пример, кога Мојсеј храбро го прашал Бога да му го покаже Своето лице, Бог волно се трудел да му удоволи (Исход 33:18). Како можел Мојсеј да има така блиско пријателство со Бога?

Набргу по водењето на Израелците надвор од Египет, тој постел и комуницирал со Бога во текот на четириесет денови, на врвот од планината Синај. Но, поради тоа што враќањето на Мојсеја било одложено, Израелците си направиле идол, којшто почнале да го обожуваат. Кога Бог го видел сето тоа, Тој му рекол на Мојсеја дека ќе ги уништи Израелците, а потоа од Мојсеја ќе изгради голема и силна нација" (Исход 32:10).

Мојсеј потоа го молел Бога: "Одврати го Својот гнев и премисли се за правењето зло на народот Свој" (Исход 32:12). Следниот ден тој повторно Го молел Бога: "Леле, овој народ изврши голем грев, правејќи си златен бог. Но, ако можеш прости им го нивниот грев, ако пак не, избриши ме и мене од книгата Твоја, која ја имаш напишано!" (Исход 32:31-32) О каква прекрасна и искрена молитва на љубовта била тоа!

Потоа во Броеви 12:3, можеме да прочитаме, "Мојсеј беше мошне скромен човек, повеќе од било кого друг на земјата." Броеви 12:7 гласи, "Но не е така со Мојот верен слуга Мојсеј, кој е најверен во сиот Мој дом." Преку својата голема љубов и кроткото срце, Мојсеј можел да биде верен во сиот Божји дом, и да ужива во блиското заедништво со Бога.

Благословите наменети за луѓето кои што чекорат во Светлината

Исус, Кој што дошол на овој свет како Светлината наменета за него, поучувал единствено за вистината и за евангелието на Небесата. Луѓето од овој свет на темнината, којшто му припаѓа на непријателот ѓаволот, сепак не можеле да ја сватат светлината, дури и кога им била објаснета. Па така, во своето спротивставување, луѓето од овој свет на темнината, не можеле да ја прифатат светлината ниту да го примат спасението, и наместо тоа тргнале по патот на уништувањето.

Луѓето со добрите срца можат да ги уочат своите гревови, да се покаат заради нив, и да го достигнат спасението преку Светлината на вистината. Следејќи ги желбите на Светиот Дух, исто така секојдневно ќе го раѓаат духот и ќе чекорат во Светлината. Недостатокот на мудроста или способноста, тогаш веќе нема да им претставува проблем. Тие тогаш ќе воспостават заедништво со Бога, Кој што е Светлината, и ќе го примат гласот на надгледувањето од страна на Светиот Дух. Тогаш сѐ добро ќе им оди во нивните животи, и тие ќе ја примат мудроста од Небесата. Дури и да имаат проблеми во своите животи, испреплетени како пајакова мрежа, ништо нема да може да ги уплаши во нивното решавање, и ниедна пречка нема да им го блокира патот, затоа што Светиот

Дух лично ќе ги насочува, и ќе ги води на секој нивни чекор.

1 Коринтјаните 3:18 нѐ поттикнува, "Никој нека не се измамува. Ако некој од вас мисли дека е мудар во овој свет, нека стане безумен, за да биде умен," мораме да сватиме дека мудроста на светот е безумност во очите на Бога.

Понатаму, Јаков 3:17 ни кажува, "А мудроста којашто доаѓа одозгора е чиста, мирољубива, нежна, разумна, исполнета со милост и добри плодови, непоколеблива и нелицемерна." Кога ќе ја исполниме осветеноста и ќе зачекориме во Светлината, мудроста од Небесата ќе се спушти врз нас. Кога чекориме во Светлината, можеме да го достигнеме нивото на коешто сме среќни дури и кога ни недостасуваат некои нешта во животот, без да го почувствуваме оптоварувањето заради тој недостаток.

Апостолот Павле се исповеда во Филипјаните 4:11, "Не го зборувам тоа заради скудност, затоа што научив да бидам задоволен во сите ситуации, во кои може да се најдам." Според истото значење, ако зачекориме во Светлината, ќе можеме да го постигнеме Божјото смирение, со коешто мирот и радоста ќе извираат и истекуваат од нас. Луѓето кои што можат да го постигнат мирот со другите, не се караат, ниту искажуваат непријателство кон туѓите семејства. Наместо тоа, од нив ќе извира и истекува исповедта на благодарноста, која постојано ќе биде на нивните усни, додека од срцата ќе им истекува љубовта и благодетта.

Кога чекориме во светлината и наликуваме на Бога, колку што е можно повеќе, тогаш, токму онака како што ни кажува во 3 Јован 1:2, "Возљубен, се молам да напредуваш во сè и да бидеш со добро здравје, како што ѝ е добро и на твојата душа" мораме сигурно да ги примиме не само благословите на напредокот во сè, туку исто така и авторитетот, способноста и силата на Бога, Кој што е Светлината.

Откако Павле го сретнал Господа и зачекорил во Светлината, Бог му овозможил да ја манифестира зачудувачката сила на апостолот на Незнабожците. Иако Стефан или Филип не биле пророци, ниту пак биле Исусови ученици, Бог сепак низ нив ја манифестирал Својата сила. Дела 6:8 гласи, "А Стефан, полн со благодетта и силата, изведуваше големи знаци и чудеса меѓу луѓето." Во Дела 8:6-7 читаме, "И народот еднодушно внимаваше на зборовите Филипови, и ги слушаше и гледаше знаците и чудесата коишто ги изведуваше. Затоа што голем број од нечистите духови, со викотница излегуваа, а мнозина фатени и хроми најдоа исцелување."

Една личност може да ја манифестира силата Божја сè до она ниво, до коешто станала осветена, чекорејќи во светлината и наликувајќи на Господа. Во историјата постоеле само мал број на луѓе кои што можеле да ја манифестираат силата на Бога. Но, дури и меѓу тие кои што можеле да ја манифестираат Неговата сила, магнитудата на манифестираната сила се разликувала во согласност со нивото на наликувањето на Бога, Кој што е Светлината.

Дали го живеам животот во Светлината?

За да можеме да ги примиме прекрасните благослови, коишто им се подаруваат на оние кои што чекорат во Светлината, секој од нас треба прво да се праша и преиспита себеси, "Дали го живеам животот во Светлината?"

Дури и да немате некој специфичен проблем, треба да се преиспитате себеси, за да видите дали сте воделе "млак" живот во Христа, или можеби не сте го чуле и не сте се воделе според насоките на Светиот Дух. Ако е тоа така, тогаш морате да се разбудите од својата духовна дремка.

Ако сте го отфрлиле до некое ниво злото, тогаш не би требало да се задоволите со тоа; токму како што детето созрева во возрасна личност, така и вие треба да се трудите да го достигнете нивото на верата на прататковците во верата. Треба да имате голема мерка на заедништво со Бога, а воедно и блиско пријателство и другарување со Него.

Ако сте во процес на добивање на осветувањето, тогаш морате да ги воочите дури и најмалите остатоци на злото и да ги искорените од себе. Колку повеќе имате авторитет, и колку повеќе станувате водач, толку повеќе треба да им служите на другите и да бидете водени единствено кон корист на другите. Кога другите, вклучувајќи ги и оние кои што се помали од вас во верата, ви укажат на некои грешки, вие треба да бидете во состојба да ги скриете. Тогаш, наместо да чувствувате непријатност и да се отуѓувате од луѓето кои што застрануваат од патиштата Божји и извршуваат зло, и преку љубовта и љубезноста треба да најдете сила за проникнувачка толеранција. Не смеете да ги гледате луѓето со презир. Никогаш не се ставајте во ситуација да не покажете респект кон другите, водени од својата сопствена праведност.

Јас лично имам покажано повеќе љубов кон младите, сиромашните и немоќните луѓе. Како родителите што се грижат повеќе за своите немоќни или болни чеда, така и Бог повеќе се грижи за нив, па затоа и јас се молев уште посилно за луѓето во таквите ситуации, не отфрлајќи ги, туку обидувајќи се да им служам на луѓето од сè срце. Во таквите ситуации уште повеќе се молам, никогаш не покажувајќи непочитување кон другите, обидувајќи се да се помолам за нив. Оние луѓе кои што живеат во Светлината, мора да го поседуваат сочувството дури и за оние луѓе, кои што извршиле големо зло во животот, и да се во состојба да им простат и да ги покријат нивните грешки.

Дури и при работењето на Божјата работа не смеете да ги

покажете или да се фалите со своите постигнувања и заслуги, туку да ги признаете напорите на другите, кои што работеле со вас. Ако нивните напори се признаени и пофалени, треба да бидете посреќни и порадосни, отколку ако вие го добиете тоа.

Можете ли да си замислите колку многу Бог ги сака оние чеда, чии што срца наликуваат на срцето на Господа? На начинот на којшто Тој чекорел со Еноха во текот на 300 години, ќе чекори и со Своите чеда, кои што наликуваат на Него. Тој ќе им ги подари не само благословите на доброто здравје и на добрите животи, туку исто така и Својата сила, преку која ќе ги употреби како скапоцени садови Божји.

Затоа, дури и да си мислите дека ја поседувате верата и дека го сакате Бога, преиспитајте се себеси колкави се вашата вера и љубов, коишто ќе бидат признаени од Него, и да чекорите во Светлината, за да водите животи во кои ќе има изобилство на докази за Неговата љубов. Се молам во името на Исуса Христа и вие да имате пријателство во заедништвото со Него!

Порака 5
Силата на светлината

1 Јован 1:5

Ова е веста
што ја чувме од Него
и ви ја јавуваме вам:
Бог е Светлина,
и во Него воопшто нема темнина

Во Библијата постојат многу настани во кои безброј луѓе го примиле спасението, исцелувањето и одговорите од Бога, преку неверојатното делување на Божјата сила, манифестирана преку Неговиот Син Исус Христос. Кога Исус заповедал, сите болести веднаш биле излекувани, а недостатоците и слабостите кај луѓето биле исцелувани и нормалните функции повторно биле воспоставувани.

Слепите прогледувале, немите проговорувале, а глувите прослушувале. Луѓето со згрчени раце биле исцелувани, сакатите повторно почнувале да чекорат, а парализираните биле излечени и исцелени. Потоа, злите духови биле изгонувани, а мртвите воскреснувале.

Овие неверојатни дела на Божјата сила не се манифестирале само преку Исуса, туку и преку многуте пророци од Старозаветните времиња, како и од страна на апостолите во Новозаветните времиња, исто така. Се разбира дека манифестирањето на Божјата сила од страна на Исуса, не можела да се мери со онаа на пророците и апостолите. Но, на оние луѓе кои што наликуваат на Исуса и на Самиот Бог, Тој им ја дал силата и ги користи за Своите потреби, како Свои садови. Бог, Кој што е Светлината, ја манифестирал Својата сила преку ѓаконите како што биле Стефан и Филип, бидејќи тие го постигнале осветувањето, чекорејќи во светлината и наликувајќи на Господа.

Апостолот Павле ја манифестирал големата сила, што можел дури и да биде сметан за "Бог"

Меѓу личностите кои што се спомнуваат во Новиот Завет, манифестирањето на Божјата сила преку апостолот Павле, се сметало за второ, веднаш по она од страна на Исуса. Тој им го проповедал евангелието на Незнабожците, кои што не го познавале Бога, преку пораките на авторитет, коишто биле проследени со знаци и чудеса. Со таквата сила, Павле можел да посведочи за Божјата вистинска божественост и за Исуса Христа.

Поаѓајќи од фактот дека обожувањето идоли и баењата биле неконтролирано раширени во тоа време, тоа значело дека имало некои меѓу Незнабожците кои што ги заведувале останатите. Ширењето на евангелието меѓу такви луѓе барало манифестирање на делата на силата Божја, што ги надминувале делата на силата на лажните баења и делата на злите духови (Римјаните 15:18-19).

Во Дела 14:8 па натаму, е претставена една сцена во којашто апостолот Павле го проповедал евангелието во регионот наречен Листра. Кога Павле му заповедал на еден сакат човек, кој што цел свој живот бил сакат, "Исправи се на нозете свои!" и тој скокнал и проодел (Дела 14:10). Кога луѓето го виделе тоа, тие веднаш се исповедале, "Боговите станаа како луѓе и слегоа кај нас" (Дела 14:11). Во Дела 28 има сцена во којашто апостолот Павле пристига на островот

Малта, откако му се случил бродолом на морето. Кога Павле собрал многу гранки и ги ставил на огнот, една змија отровница, истерана од жештината, му се закачила на раката. Откако го виделе тоа, островјаните очекувале дека ќе отече, или наеднаш ќе падне мртов. Но, кога виделе дека ништо не се случува со него, рекле дека е бог (с. 6).

Затоа што апостолот Павле поседувал срце што било соодветно во очите на Бога, тој можел да ја манифестира Неговата сила, па дури и да биде сметан за "бог" од страна на луѓето.

Силата на Бога, Кој што е Светлината

Силата што им се дава на луѓето, не им се дава заради тоа што тис тоа го посакуваат; таа им се дава само на оние кои што наликуваат на Бога и кои што го имаат постигнато целосното осветување. Дури и денес, Бог ги бара луѓето на кои што може да им ја дари Својата сила, и да ги употреби како Свои садови на славата. Затоа Марко 16:20 нè потсетува дека, "А тие излегоа и проповедаа насекаде, а Господ делуваше и помагаше, потврдувајќи го Словото преку знаци кои го придружуваа." Исус исто така кажал и во Јован 4:48, "Ако вие луѓе не видите знаци и чудеса, едноставно нема да поверувате."

Водењето на голем број на луѓе кон спасението, ја

повикува силата од Небесата, што може да ги манифестира знаците и чудесата, преку кои ќе може да се посведочи за живиот Бог. Во добата во коишто гревот и злото навистина напредуваат, знаците и чудесата се навистина потребни.

Кога чекориме во светлината и стануваме едно во духот со нашиот Бог Отец, ќе можеме да ја манифестираме големината на силата која и Самиот Исус ја манифестирал. Тоа е така, бидејќи нашиот Господ ни има ветено, "Вистина, вистина ви велам, кој верува во Мене, делата што ги правам Јас, ќе ги прави и тој; и поголеми ќе прави, бидејќи Јас си одам кај Отецот" (Јован 14:12).

Ако некој ја манифестира ваквата сила на духовниот свет, којашто е можна единствено преку Бога, тогаш тој може да биде препознаен од луѓето како бог. Како што Псалм 62:11 нé потсетува, "Бог еднаш кажа; а јас два пати слушнав: дека силата на Бога му припаѓа," непријателот ѓаволот и Сатаната не можат да ја манифестираат таквата сила, којашто единствено на Бога Му припаѓа. Се разбира, поради тоа што и самите се духовни битија, тие исто така поседуваат голема сила, преку која можат да ги измамат луѓето и да ги натераат да Му се спротивстават на Бога. Еден фактор, сепак, останува сигурен: ниедно друго битие не може да ја имитира силата на Бога, преку која Тој ги контролира животот, смртта, благословите, проклетствата и историјата на човештвото, а воедно е во состојба и да создаде нешто од ништо. Силата му припаѓа на светот на Бога, Кој што е Светлината, и може да биде манифестрана единствено преку оние, кои што го имаат постигнато осветувањето, и ја достигнале мерката на верата на Исуса Христа.

Разликите меѓу Божјиот авторитет, способност и сила

При одредувањето на способностите на Бога, голем број на луѓе ги изедначуваат Неговиот авторитет со Неговата способност, или способноста со силата; но сепак, постои јасна разлика меѓу овие три поима.

"Способноста" е силата на верата, преку која нешто што е невозможно за човекот, е можно за Бога. "Авторитетот" е свечената, достоинствената и величествената сила на Бога, којашто се има воспоставено, а во духовниот свет, состојбата на безгрешност претставува сила. Со други зборови кажано, авторитетот го претставува самото осветување, а осветените чеда Божји, кои што во целост ги имаат отфрлено злото и невистината од своите срца, можат да го примат и духовниот авторитет.

Што тогаш претставува "силата"? Таа се однесува на способноста и авторитетот на Бога, кои што Тој им ги подарува на оние, кои што го избегнувале секое зло и постанале осветени личности.

Да го земеме овој пример. Ако еден возач ја има

"способноста" да управува со возилото, тогаш сообраќајниот полицаец, кој што го регулира сообраќајот, го поседува "авторитетот" да застане било кое возило од него. Овој авторитет – да го застане и врати назад на патот било кое возило – му бил даден од страна на владата. Затоа, иако возачот ја има "способноста" да управува со возилото, бидејќи му недостасува "авторитетот" којшто го поседува сообраќајниот полицаец, ако од него се побара да застане, или да оди, тој мора да се покори на тоа.

На тој начин, авторитетот и способноста се разликуваат помеѓу себе, а кога ќе се комбинираат, можеме да кажеме дека тоа е сила. Во Матеј 10:1, можеме да прочитаме дека "Исус ги повика Своите дванаесет ученици, и им го даде авторитетот над нечистите духови, да можат да ги изгонуваат, и да можат да исцелуваат било каква болест и слабост." Во силата се сплотени и "авторитетот" да се изгонуваат злите духови и "способноста" да се исцелуваат сите болести и слабости кај луѓето.

Разликата помеѓу Дарот на исцелувањето и Силата

Оние личности, на кои што им е непозната силата на Бога, Кој што е Светлината, често ја поистоветуваат со дарот на исцелувањето. Дарот на исцелувањето во 1 Коринтјани

12:9 се однесува на делото на изгорувањето на вирусно-инфицираните болести. Тој не може да ги исцели глувоста и немоста, коишто произлегуваат од дегенеративните процеси на делови од телото, или од изумреноста на некои нервни ќелии. Таквите случаи на болести и слабости, можат да се исцелат единствено преку силата на Бога, и преку молитвата во верата којашто Му е благоугодна на Бога. Понатаму, додека силата на Бога, Кој што е Светлината, може во било кое време да се манифестира, дарот на исцелувањето не може секогаш да делува.

Од една страна, Бог им го дава дарот на исцелувањето на луѓето, без разлика на нивото на нивната осветеност на срцето, кои што сакаат и се молат во голема мерка за другите и за нивните духови, и кои Бог ги смета за храбри и корисни садови, за Неговото делување. Сепак, ако дарот на исцелувањето не се користи заради Неговата слава, туку на некој несоодветен начин и заради добивање корист за исцелителот, Бог секако може да го врати назад.

Од друга страна пак, силата на Бога им се дава само на оние, кои што во целост го имаат постигнато осветувањето на своите срца; и откако ќе им биде дадена, не слабее ниту венее, бидејќи се знае дека примачите на силата никогаш нема да ја употребат заради своја лична корист. Наместо тоа, колку една личност сѐ повеќе наликува на срцето на Господа, толку повисоките нивоа на силата Божја ќе ѝ бидат дадени. Ако срцето и однесувањето на една личност станат едно со

Господа, тогаш таа ќе може да ги манифестира делата на Божјата сила, што Самиот Исус ги има манифестирано.

Постојат разлики во начините на коишто се манифестира силата Божја. Дарот на исцелувањето не може да ги исцели и излекува тешките или ретки заболувања, и преку него е тешко да се излекуваат оние кои што се со малата вера во себе. Но, со силата на Бога, Кој што е Светлината, ништо не е невозможно. Кога еден пациент ќе покаже макар и најмал доказ за својата вера, исцелувањето преку силата Божја веднаш ќе се случи. Кога ќе се каже, "вера" се мисли на духовната вера, преку која личноста верува од сѐ срце.

Четирите нивоа на силата на Бога, Кој што е Светлината

Преку Исуса Христа, Кој што е истиот и вчера, и денес, секој кој што се смета за соодветен сад Божји, ќе може да ја манифестира Неговата сила.

Постојат повеќе нивоа на коишто може да се манифестира силата на Бога. Колку повеќе една личност успее да се воздигне во духот, толку повеќе и повисоко е нивото на силата којашто ќе ја прима и покажува. Луѓето чиишто духовни очи се отворени, можат да ги видат различните нивоа на осветленоста со светлината, во согласност со нивото на силата на Бога. Човечките суштества

"Дење, ноќе, солзи леев,
но повеќе ме болеше
кога луѓето ќе гледаа на мене
како на 'детето со СИДА-та.'"

Господ ме излекува
со силата Своја
и му ја подари смеата на семејството
мое.
Сега сум толку многу среќен!

Естебан Јунинка од Хондурас,
излекуван од СИДА

кои што се созданија, можат да ја манифестираат силата сè до четвртото ниво на Божјата сила.

Првото ниво на Божјата сила е маифестирањето на силата Божја преку црвената светлина, којашто уништува преку огнот на Светиот Дух.

Огнот на Светиот Дух којшто избликнува од првото ниво на силата, што се манифестира преку црвената светлина, ги гори и исцелува болестите предизвикани од бактериите и вирусите. Болестите како што се ракот, пулмонарните болести, дијабетот, леукемијата, болестите на бубрезите, артритисот, срцевите проблеми и СИДА-та, исто така можат да бидат излекувани. Дали тоа значи дека сите тие болести можат да бидат излекувани преку првото ниво на Божјата сила? За личностите што веќе имаат зачекорено над ограничувањата на животот, што Бог го има одредено, како на пример последното ниво на ракот на белите дробови, првото ниво на силата Божја, нема да биде доволно.

Реставрацијата на деловите од телото коишто биле оштетени или не се во состојба исправно да функционираат, бараат поголема сила, не само што ќе може да лекува, туку воедно исто така и ќе може повторно да изгради нови делови на телото. Дури и во таквите случаи многу е битно нивото на верата којашто се покажува од страна на

"Ја видов светлината...
Конечно излегов од
четиринаесет годишниот
тунел...
Се откажав од себеси,
но повторно бев роден
преку силата на Господа!"

Шама Масаз од Пакистан,
ослободен од 14-годишната
опседнатост од демони

пациентот, како и од страна на членовите на неговото семејство. Тие ќе го одредат нивото на силата, преку Бог кој ја манифестира Својата сила.

Уште од самото основање на црквата Манмин, имаше голем број на случаи на манифестирање на силата на Бога од првото ниво. Кога луѓето му се покоруваа на Словото и ја примаа молитвата, тие веднаш беа излекувани и исцелени од сериозните болести. Кога луѓето ќе се ракуваа со мене, или ќе ми ја допреа облеката, ќе ја примеа молитвата преку шамивчињата врз кои јас се имав помолено, ќе ја чуеа моливата снимена и продуцирана преку автоматските телефонски пораки, или кога јас ќе се помолев над фотографиите на некои пациенти, веднаш стануваме сведоци на исцелувањата Божји.

Делувањето на силата од првото ниво не се ограничува на уништувањето преку огнот од Светиот Дух. Дури и да е само за момент, ако една личност се моли во верата и стане инспирирана, поттикната од Него, и исполнета со Светиот Дух, тогаш и таа ќе може да ги манифестира дури и поголемите дела на силата Божја. Но, тоа претставува само привремено пројавување и не е доказ за постојано всадената Божја сила, и се случува само кога тоа е соодветно на Божјата волја.

Второто ниво на Божјата сила, се манифестира преку сината светлина.

Малахија 4:2 ни кажува, "На вас, кои што имате страв од името Мое, ќе ви изгрее сонцето на праведноста, носејќи го исцелувањето на крилјата свои; а вие ќе излегувате како телињата на пасење." Луѓето, чии што духовни очи се отворени, можат да ги видат млазевите кои наликуваат на ласерски светла, како ги оддаваат зраците на исцелувањето.

Второто ниво на силата Божја ја изгонува темнината и ги ослободува луѓето кои што се опседнати од страна на демоните, кои што се контролирани од страна на Сатаната, и кај кои доминираат различните зли духови. Преку второто ниво на силата Божја може да се излекуваат менталните болести коишто се донесени од страна на силите на темнината, вклучувајќи ги тука и аутизмот, нервните сломови и други слични нешта.

Овие видови на болести можат да се спречат ако "Секогаш се радуваме" и "секогаш је оддаваме благодарноста за сѐ." Ако не сте секогаш радосни и ја оддавате благодарноста за сѐ во секоја ситуација, ако почнете да ја мразите некоја личност, да стискате во вас негативни чувства, да мислите на негативен начин, и лесно да се налутувате и разгневувате, тогаш ќе бидете поподложни на ваквите болести и многу полесно ранливи во душата. Кога силите на Сатаната, кои го поттикнуваат човекот да поседува зли мисли и да го втиснува злото во срцето, ќе бидат изгонети, тогаш сите ментални болести природно ќе бидат излекувани.

Одвреме навреме, преку второто ниво на силата Божја може да се излекуваат физичките болести и слабости. Некои болести и слабости предизвикани од делувањето на демоните и ѓаволите, можат да се излекуваат преку светлината на второто ниво на Божјата сила. Тука, "слабости" се однесува на дегенерацијата и парализите на деловите од телото, како што е во случајот на оние кои што се неми, глуви, сакати, слепи, парализирани уште од самото раѓање и други.

Во Марко 9:14 па натаму, е опишана сцената во којашто Исус го изгонил "глувиот и нем дух" од едно момче (с. 25). Тоа момче станало глувонемо поради зол дух којшто пребивал во него. Кога Исус го изгонил духот, момчето веднаш било излекувано.

Според истото значење, кога се соочуваме со случаи на болести предизвикани од силата на темнината, вклучувајќи ги тука демоните, злите духови и друго, тогаш тие треба да бидат истерани надвор, за да може пациентот да најде исцелување. Ако некоја личност страда од проблеми во дигестивниот систем, заради доживеаниот нервен слом, тогаш причината мора да се искорени преку изгонувањето на силите на Сатаната. Во случаите како што се парализата и артритисот, може да се насети делувањето на остатоците на силите на темнината. Понекогаш иако медицинските дијагнози не можат да најдат ништо во физичка смисла, луѓето сепак страдаат од болките во некои делови од своите

тела. Кога ќе се помолев за некого кој што страда од такви проблеми, луѓето кои што имаат отворени духовни очи, често можеа да ги видат силите на темнината во форма на одвратни животински форми, како ги напуштаат телата на пациентите.

Како дополнение, второто ниво на силата Божја, Кој што е Светлината, освен силите на темнината од телата на луѓето, може исто така да ги изгони и оние коишто се наоѓаат во домовите, работните места и на некои други места. Кога една личност, која што може да ја манифестира силата на Бога од второто ниво, ќе ги посети луѓето кои страдаат од прогонството дома или на работа, темнината се изгонува и светлината паѓа врз луѓето, а воедно и благословите, согласно со нивните дела и работата за Кралството Божјо.

Подигањето на мртвите или завршувањето на нечиј живот во согласност со волјата на Бога, е дело на второто ниво на силата на Бога, исто така. Следните случаи спаѓаат во оваа категорија: апостолот Павле го воскреснува момчето Евтих (Дела 20:9-12); измамата од страна на Ананис и Сапфира на апостолот Петар, и последователната клетва што резултирала со нивната смрт (Дела 5:1-11); и случајот со Елисеј, кој што ги проколнал децата кои што се подбивале со него, и тоа резултирало со нивната смрт од мечките (2 Кралеви 2:23-24).

Но постојат фундаментални разлики во делувањето на Исуса, од она на апостолите Павле, Петар и пророкот

"Дури самата не сакав да го погледнам
своето тело, кое беше
целосно сварено...

Кога бев сама,
Тој ми пријде,
ја испружи раката Своја
и ме стави крај Него...

Преку Неговата љубов и посветеност
го добив новиот живот...
Постои ли нешто
што не би го направила за Господа?"

Постарата Ѓаконица Еундеук Ким,
исцелена од изгореници од трет степен
кои ги имаше од главата до петиците

Елисеј. На крајот Бог бил Тој, Кој што како Господарот на сите духови, требал да одлучи дали нечиј живот ќе продолжи, или ќе биде одземен. Но, бидејќи Исус и Бог се едно те исто, што Исус ќе посакал, било исто што и Бог ќе посака. Затоа Исус можел да ги враќа во живот мртвите, само преку едноставната заповед со Своето Слово (Јован 11:43-44), додека другите пророци и апостоли морале да прашаат за волјата на Бога и за Неговото допуштение, ако сакале да оживеат некого.

Третото ниво на силата Божја е манифестирањето на силата, коешто се изразува преку бела или безбојна светлина, и е придружено со сите видови на знаци и чудеса, како и со делата на создавањето.

На третото ниво на силата на Бога, Кој што е Светлината, се манифестираат сите видови на знаци и чудеса, како и делото на создавањето. Тука, "знаци" се однесува на исцелувањето кога слепите прогледуваат, глувите прослушуваат и немите проговоруваат. Преку делувањето на оваа сила, сакатите стануваат и прооодуваат, скратените нозе на луѓето се издолжуваат, а и во целост се лекуваат случаите на детска парализа и церебрална парализа. Доаѓа до исцелување на деформираните, или во целост дегенерираните делови од телото, кои биле такви уште од самото раѓање. Скршените коски повторно сраснуваат, а коските коишто недостасуваат, повторно се создаваат, јазиците кои се кратки се продолжуваат, а тетивите повторно се поврзуваат. Понатаму, бидејќи при манифестирањето на третото ниво на силата Божја, се манифестираат воедно и делувањата на првото и второто ниво, ниедна болест или слабост не може да им се спротивстави.

Дури и некоја личност да има изгореници од главата до петите, и да ѝ бидат изгорени кожата и мускулите, или да бидат сварени од зовриена вода, Бог сепак може да создаде нови делови и да ги исцели луѓето. Поради фактот што Бог може да создаде нешто од ништо, Тој може да создаде не само неживи делови на некоја машина, туку исто така и на човечкото тело, коешто има проблеми.

Во Централната Манмин Црква, преку делувањето на молитвите врз шамивчињата или преку снимените молитви како автоматски телефонски пораки, доаѓаше до исцелување на внатрешните органи што не работеле правилно, а оние кои биле сериозно оштетени, повторно станувале обновени. Преку манифестирањето на силата на Бога од третото ниво, доаѓаше до исцелување на сериозно оштетените бели дробови, бубрезите и црните дробови на кои им треба трансплатација стануваа нормални, додека непрестано делуваше силата на создавањето.

Постои еден фактор којшто треба јасно да се диференцира. Од една страна, ако повторно се воспостави функцијата на деловите од телото коишто биле изнемоштени, тоа се случило заради делувањето на првото ниво на силата Божја. Од друга страна, ако функционирањето на деловите од телото коишто немале никаква шанса за закрепнување, повторно се оживеле или се создале нови, тогаш тоа е дело на маниифестирањето на третото ниво на силата Божја, на моќта на создавањето.

Четвртото ниво на манифестирањето на силата Божја, се случува преку златната светлина, и претставува остварување на силата.

Преку делувањето на силата манифестирана низ Исуса, четвртото ниво на силата владее со сите нешта, владее над временските прилики, па дури им наредува и на неживите објекти да се покорат на неа. Во Матеј 21:19, кога Исус ја проколнал смоквата, можеме да прочитаме, "И смоквата веднаш се исуши." А во Матеј 8:23 во сцената во која Исус ги прекорил ветрот и брановите, како сѐ станало сосем мирно и тивко. Дури и неживите нешта, како што се ветрот и брановите, се покориле на заповедта на Исуса.

Исус во една прилика му кажал на Петра да излезат во длабокото море за да ги постави мрежите за лов, и кога тој се покорил, тие фатиле голема количина на риби, толку голема што дури мрежата почнала да пука (Лука 5:4-6). Во друга прилика Исус му кажал на Петра, "оди до морето и фрли јадица, земи ја првата риба што ќе ја уловиш; отвори ѝ ја

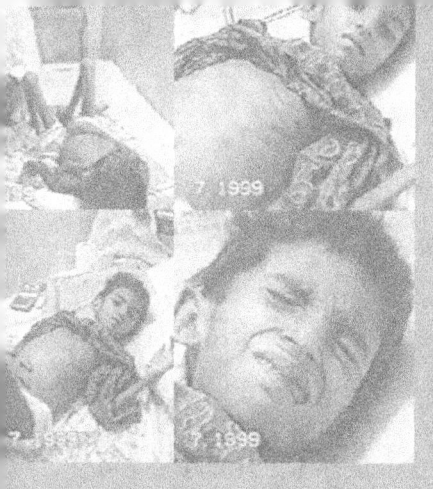

"О колку е болно...
О колку е болно
што не можам да ги отворам
очите...
Никој не знаеше како се
чувствував,
но Господ знаеше сè
и ме исцели."

Синтија од Пакистан,
исцелена од целијачна болест и илеус

устата и во неа ќе најдеш статир. Земи го и дај им го за Мене и тебе" (Матеј 17:24-27).

Поради тоа што Бог ги има создадено сите нешта во универзумот преку Своето Слово, кога Исус му заповедал на универзумот, тој се покорил и станал реален. Според истото значење, кога еднаш ќе ја поседуваме верата во себе, ќе можеме да бидеме сигурни дека ќе ги добиеме нештата на коишто се надеваме, и да бидеме сигурни во постоењето на нештата, кои што не можеме да ги видиме (Евреите 11:1), а ќе се манифестира и силата што ги создава сите нешта од ништо.

Понатаму, кај четвртото ниво на делувањето на силата Божја, се манифестираат делата на надминувањето на времето и просторот.

Некои од Исусовите манифестирања на силата Божја го надминувале времето и просторот. Во Марко 7:24 во сцената каде што жената го молела Исуса да ѝ ја исцели од демон опседнатата ќерка. Откако ги видел понизноста и верата на жената, Исус ѝ кажал, "Заради твојот одговор оди; демонот е изгонет од ќеркат ти" (с. 29). Кога жената се вратила дома, ја нашла својата ќерка како лежи на креветот, а демонот бил изгонет.

Иако Исус не ги посетувал сите болни, кога ќе ја видел верата кај нив, Тој заповедал и се случувале исцелувања, коишто ги надминувале времето и просторот.

Исусовото чекорење по водата, што претставува дело на силата што ја манифестирал, исто посведочува за фактот дека сето во универзумот е под Негова контрола.

Потоа Исус ни кажува во Јован 14:12, "Вистина, вистина ви велам, кој верува во Мене, делата што ги правам Јас, ќе ги прави и тој; и поголеми ќе прави, бидејќи Јас си одам кај Отецот" Како што нѐ уверува, вистински зачудувачките дела на силата Божја се манифестираат во Централната Манмин Црква дури и ден денес.

На пример, во многу ситуации се менуваа временските прилики. Кога ќе се помолев, поројниот дожд што паѓаше запираше за еден миг; темните облаци се растураа; а небото без облаци, за миг се полнеше со нив. Постоеа и голем број на ситуации во коишто неживите објекти ѝ се покоруваа на мојата молитва. Дури и во ситуациите кога имаше труење со јаглерод моноксид, минута или две по мојата молитва, затруените се будеа и немаа никакви пропратни проблеми. Кога ќе се помолев за некоја личност која што страдаше од изгореници од трет степен, "Болките од печењето исчезнуваа," а личноста веќе не чувствуваше страдање.

Делувањето на силата Божја којашто ги надминува времето и просторот сѐ повеќе и посилно се чувствува во црквата Манмин. Случајот на Синтија, ќерката на Преч. Вилсон Џон Гил, постариот пастор од црквата Манмин во Пакистан, е посебно забележлив. Кога се помолив за неа, положувајќи ја раката на нејзината фотографија во Сеул, Кореја, девојчето од кого лекарите кренаа раце, бргу се опорави, иако беше на илјадници километри оддалеченост.

Во четвртото ниво на манифестирањето на силата Божја, кога се исцелуваа болестите, изгонуваа силите на темнината, се прикажуваа знаци и чудеса, и сите нешта ѝ се покоруваа на молитвата – претставува комбинирано делување на првото, второто, третото и четвртото ниво на силата Божја.

Најголемата сила на создавањето

Во Библијата се запишани манифестации на силата од четвртото ниво на силата Божја, низ нашиот Господ, Исус Христос. Ова ниво на силата, најголемата сила на создавањето, Му припаѓа единствено на Создателот. Оваа сила не може да се манифестира преку човечките созданија, туку произлегува од оригиналната светлина, што светела кога Бог Самиот постоел.

Во Јован 11, Исус му заповедал на Лазара, кој што бил мртов веќе четири дена, и чие тело оддавало страшна миризба, "Лазаре, излези од таму!" На оваа заповед, мртвиот човек излегол, а неговите раце и нозе биле обвиени со ленено платно, а имало и крпа околу неговото лице (с. 43-44).

Откако една личност ќе го отфрли од себе сето зло, ќе

стане осветена, ќе почне да наликува на срцето на Богот Отецот, ќе се измени себеси во целосен дух, ќе може да влезе во духовниот свет. Колку повеќе знаење собира од духовниот свет, толку поголема е манифестацијата на силата Божја, што ќе се издига дури и над четвртото ниво на силата.

Тогаш таа ќе го достигне нивото на силата што единствено може да се манифестира од Божеството, а тоа е најголемата сила на создавањето. Кога една личност ќе го постигне ова во целост, исто како што Бог создал сè во универзумот преку Својата заповед, и таа ќе може да ја манифестира оваа чудесна сила на создавањето.

На пример, кога ќе ѝ заповеда на слепа личност, "Отвори ги очите," тие веднаш ќе се отворат и таа ќе прогледа. Кога ќе ѝ заповеда на нема личност, "Зборувај!" немата личност во тој миг ќе проговори. Ако му заповеда на сакатиот, "Стани," сакатиот веднаш ќе скокне и ќе потрча. Ако заповеда, лузните и деловите од телото кои биле гнили, повторно ќе се обноват.

Сето ова се постигнува преку светлината и гласот Божји, Кој што постоел како светлина и глас уште пред почетокот на времето. Кога безграничната сила на создавањето во светлината ќе се повика преку гласот, таа се спушта и делата се манифестираат. Тоа е границата на животот што Бог ја има поставено, и болестите и слабостите кои не можат да се исцелат преку првото, второто или третото ниво на силата, со оваа се исцелуваат.

Примањето на силата од Бога, Кој што е Светлината

Како можеме да наликуваме на срцето на Бога, Кој што е Светлината, да ја примиме Неговата сила и да поведеме безброј луѓе кон патот на спасението?

Како прво, треба не само да го избегнуваме злото и да ја постигнеме осветеноста, туку исто така и да го постигнеме и доброто срце, и да копнееме за најголемата добрина.

Ако не покажувате знаци, ниту чувства на непријатност против некоја личност, која што ви го отежнала животот или ве повредила, дали може да се каже дека сте ја постигнале добрината во срцето? Не, не е така. Дури и да успеете во таквиот обид и да истраете во непријатноста, во очите на Бога тоа е единствено првиот чекор кон добрината.

На повисокото ниво на добрината, една личност ќе зборува и ќе се однесува на начинот, којшто ќе ги трогне луѓето кои и́ го отежнуваат животот или ја повредуваат. При најголемата добрина којашто Му е благоугодна на Бога, една личност треба да биде во состојба да си го жртвува својот живот за доброто на непријателот.

Исус можел да им прости на луѓето кои што го распнувале, и Своеволно го дал Својот живот за нив, бидејќи во Себе ја поседувал најголемата добрина. И Мојсеј и апостолот Павле биле согласни да си ги дадат животите за луѓето кои што се обидувале да ги убијат.

Кога Бог сакал да ги уништи Израелците, кои што му се спротивставиле на Бога со своето идолопоклонство, се жалеле и Му се лутеле, иако биле сведоци на Неговите големи знаци и чудеса, што направил Мојсеј? Тој искрено го замолил Бога: "А сега, ако сакаш, прости им го гревот нивни, ако пак не, Те молам избриши го името мое од книгата Твоја, која што ја имаш напишано!" (Исход 32:32) Апостолот Павле бил иста таква личност. Како што се исповедал во Римјаните 9:3, "Затоа што би сакал да бидам јас самиот проколнат, одвоен од Христа, заради доброто на моите браќа, моите роднини по тело," Павле ја постигнал најголемата добрина, па затоа бил секогаш придружуван со делувањето на големата сила Божја.

Како следно, мораме да ја постигнеме духовната љубов.

Љубовта е сериозно намалена денес во светот. Иако голем број на луѓе меѓусебно си кажуваат, "Те сакам," како што поминува времето, можеме да видиме дека оваа "љубов" е телесна љубов, која со текот на времето, целосно се менува. Љубовта на Бога е духовна љубов што секојдневно се оплеменува, а е опишана во детали во 1 Коринтјани 13.

Како прво, "Љубовта е трпелива [и] љубовта е нежна. Таа не е љубоморна." Нашиот Господ ни ги има простено сите наши гревови и мани, и ни го отворил патот кон спасението, трпеливо чекајќи да се изменат дури и оние, чиишто гревови се непростливи. Но, иако ја исповедаме нашата љубов кон Господа, дали сме мошне брзи во покажувањето на туѓите гревови и мани? Дали бргу им судиме и ги осудуваме другите, кога нешто или некој не е според нашето сваќање? Дали сме љубоморни кон личностите кои водат добри животи или пак чувствуваме разочараност заради тоа?

Како следно, љубовта "не се фали [и] не се вообразува" (с.5) Дури и да изгледа однадвор дека го славиме Господа, ако го поседуваме срцето коешто копнее по признавањето од другите, ако се истакнуваме себеси и ги поучуваме другите поради нашата позиција или авторитет, тогаш тоа претставува фалбаџиство и гордост.

Понатаму, љубовта "не се однесува непристојно; не ја бара својата корист, не се раздразнува, не го памети стореното зло" (с.5). Нашето грубо однесување кон Бога или луѓето, нашите променливи срце и ум, кои лесно се менуваат, нашите напори да бидеме поголеми од другите, нашите лесно засадени непријателски чувства, нашата тенденција за негативно размислување и злото кон другите, претставуваат нешта кои не се составен дел од љубовта.

Како дополнение, љубовта "не ѝ се радува на неправдата, туку ѝ се радува на вистината" (с.6). Ако ја поседуваме љубовта, тогаш мораме секогаш да чекориме во вистината, и да ѝ се радуваме на вистината. Како што ни кажува 3 Јован 1:4, "За мене не постои поголема радост од тоа, да чујам дека децата мои чекорат во вистината," вистината мора да биде изворот на нашата радост и среќа.

Како последно, љубовта "сѐ премолчува, сѐ верува, на сѐ се надева, [и] сѐ трпи" (с.7). Оние кои што навистина го сакаат Бога, ја дознаваат волјата на Бога, па затоа можат да поверуваат во сите нешта. Штом луѓето го исчекуваат и искрено веруваат во враќањето на нашиот Господ, Исус Христос, во воскресението на верниците, во Небесните награди и ја имаат надежта за Небесните нешта, па затоа можат да ги издржат сите тешкотии, и постојано да се борат да ја исполнат волјата Божја.

Сакајќи да ги покаже доказите за Својата љубов за оние кои што ѝ се покоруваат на вистината, како што се добрината, љубовта и другите нешта запишани во Библијата, Бог, Кој што е Светлината, им ја дава силата Своја на дар. Тој исто така сака да им одговори на молитвите на оние, кои што се трудат да чекорат во вистината и светлината.

Се молам во името на нашиот Господ Исус Христос, пронаоѓајќи се себеси и кинејќи си го своето срце, сите кои што ги посакувате благословите и одговорите од Бога, и вие да се подготвите себеси како садови погодни за Него, и да ја доживеете силата Божја!

Порака 6

Очите на слепите ќе прогледаат

Јован 9:32-33

Откако е веков
не се чуло некој
да отвори очи на слепороден.
Ако Тој не беше од Бога,
не би можел ништо да направи

Во Дела 2:22, Исусовиот ученик Петар, откако го примил Светиот Дух, им се обратил на Јудејците, цитирајќи ги зборовите на пророкот Јоил. "Народу Израелски, слушни ги овие зборови: Бог го потврди Исуса Назареецот меѓу вас, преку сила, знаци и чудеса, кои Тој преку Него ги изведуваше, како што и самите знаете." Исусовото големо манифестирање на силата, и знаците и чудесата кои што се случувале, биле докази коишто посведочувале дека Исус, кого што Јудејците го распнале, навистина бил Месијата, чие што доаѓање било претскажано во Стариот Завет.

Понатаму самиот Петар ја манифестирал силата Божја, откако го примил и бил оснажен од Светиот Дух. Тој го излекувал сакатиот питач (Дела 3:8), па луѓето дури ги доведувале своите болни и ги положувале по улиците, со надеж дека барем сенката Петрова ќе падне врз нив, кога тој поминувал крај нив (Дела 5:15).

Бидејќи силата е гаранција што сведочи за присуството на Бога, оние кои што ја манифестираат истата се најсигурниот начин преку кој може да се засади семето на верата во срцата на неверниците, па затоа Бог им ја дал на оние кои што ги сметал за соодветни за тоа.

Исус го излекувал слепородениот човек

Приказната опишана во Јован 9 почнува со тоа што Исус наишол на некој слепороден човек. Исусовите ученици сакале да знаат зошто тој човек бил слепороден, "Рави, кој згрешил, тој или неговите родители, па се родил слеп?" (с.2) Исус им одговорил, објаснувајќи им дека човекот бил слепороден заради тоа што врз него требало да биде спроведено делувањето на Божјата сила (с.3). Потоа плукнал на земјата, направил малку кал со плунката, ја ставил врз очите на човекот, и му заповедал на слепородениот, "Оди измиј се во бањата Силоам" (с. 6-7). Кога човекот ѝ се повинувал на заповедта и веднаш отишол и се измил во бањата Силоам, неговите очи прогледале.

Иако имало голем број на други луѓе кои што Исус ги исцелил, и биле запишани во Библијата, една битна разлика го диференцирала овој човек, што бил слепороден, од другите. Човекот не го молел Исуса да го исцели; Самиот Исус пришол и го излекувал човекот.

Зошто тогаш, тој човек што бил слеп роден, ја примил толку големата милост?

Како прво, човекот бил покорен.

За една обична личност, ништо од тоа што Исус го

направил – плукањето на земјата, правењето на калта, ставањето на калта врз очите на слепородениот, и кажувањето да оди да се измие во бањата Силоам – немало никаква смисла. Обичното сваќање на животот не ѝ дозволува на таквата личност да верува дека очите на слепородениот можат да се исцелат, откако ќе се стави малку кал врз нив, и откако ќе ги измие во водите на некоја бања. Понатаму, ако оваа личност ја чула заповедта без да знае кој бил Исус, исто како и поголемиот број на луѓе во таква ситуација, воопшто не би ни поверувале, туку дури и би биле очигледно налутени. Но, не бил таков случајот со овој човек. Откако Исус му заповедал, тој веднаш ѝ се покорил на заповедта и отишол да си ги измие очите во водите на бањата Силоам. Вчудоневидувачки и изненадувачки, очите што биле затворени од самото раѓање, во еден миг се отвориле, и човекот прогледал.

Ако помислувате дека Словото Божјо не се согласува со човечкото нормално расудување и искуство, обидете се да се покорите на Неговото Слово со скромно срце, како што и овој слепороден човек направил тогаш. Потоа милоста Божја ќе ве прекрие, и вие, исто како и слепородениот човек, ќе доживеете некое прекрасно искуство.

Како второ, духовните очи на слепородениот човек, кои можеле да направат разлика помеѓу вистината и невистината, ширум се отвориле.

Од неговиот разговор со Јудејците, откако бил исцелен, можеме да кажеме дека, додека физичките очи на слепородениот биле затворени, во добрината на срцето, тој сепак можел да направи разлика што е исправно, а што не. За разлика од него, Јудејците биле духовно слепи, затворени во цврстите граници на законот. Кога Јудејците прашале за детали околу исцелувањето, човекот кој бил слепороден храбро изјавил, "Човекот кој се вика Исус направи кал, ми ги помаза очите, и ми рече: 'Оди измиј се во бањата Силоам'; јас отидов, се измив и прогледав" (с.11).

Не верувајќи, Јудејците вкрстено го испрашувале слепородениот човек, "Што имаш да кажеш за Него, штом ти ги отворил очите?" а човекот одговорил, "Тој е пророк" (с.17). Слепородениот кој што бил исцелен, си помислил дека, штом Исус бил доволно силен да може да ја излекува слепоста која била од раѓањето кај луѓето, тогаш Тој мора да е човек Божји. Но, иронично, Јудејците го прекориле, кажувајќи му: "Оддавај му ја славата на Бога. Ние знаеме дека тој човек е грешник" (с.24).

Колку ли нелогично звучело нивното тврдење? Бог не одговара на молитвите на грешникот. Ниту пак му ја дава силата на некој кој што е грешен, за да може да му ги отвори очите на слепороден човек, и да ја прими славата заради тоа. Иако Јудејците не можеле ниту да веруваат, ниту да го разберат сето тоа, исцелениот слепороден човек продолжил со вистинитата исповед: "Знаеме дека Бог не ги слуша грешниците; но ако некој е богобојажлив и ја следи волјата Негова, Тој го ислушува. Откако е веков не се чуло некој да отвори очи на слепороден. Ако Тој не беше од Бога, не би можел ништо да направи" (с. 31-33).

Бидејќи очите на ниту еден слепороден пред тоа на биле отворени, уште од времето на самото создавање на светот, секој кој што ќе ја чул веста за овој човек, се радувал и славел заради Него. Но, меѓу Јудејците се создал суд, осуда и непријателство. Поради фактот што тие биле во духовно незнаење, си помислиле дека делото на Самиот Бог, е во контрадикторност со Самиот Себе. Библијата сепак ни кажува дека, единствено Бог може да му ги отвори очите на слепороден.

Псалм 146:8 нè потсетува дека "ГОСПОД им ги отвора очите на слепите; ГОСПОД ги подигнува наведнатите; ГОСПОД ги сака праведните," додека во Исаија 29:18 е запишано, "На тој ден глувите ќе го чујат Словото на книжниот свиток, а очите на слепите, ослободени од мракот и темнината, ќе прогледаат." Исаија 35:5 исто така ни кажува, "Тогаш очите на слепите ќе прогледаат, ушите на глувите ќе прослушаат." Тука, "На тој ден" и "Тогаш" се однесува на времето кога Исус дошол и му ги отворил очите на слепородениот.

И покрај овие пасуси и потсетници, во својата строга ограниченост и зло, Јудејците не можеле да поверуваат во делата на Бога манифестирани преку Исуса, туку го обвиниле за грешник, кој што го прекршил Словото на Бога. Иако слепородениот човек не го познавал Законот, во својата добра совест, тој можел да ја спознае вистината: дека Бог не ги слуша грешниците. Човекот исто така знаел дека исцелувањето на слепородениот, може да биде возможно единствено преку Бога.

Како трето, откако ја примил милоста Божја, слепородениот човек дошол пред Господа, и изјавил дека ќе води целосно нов живот.

До денес, јас имам посведочено на безброј случаи во Централната Манмин Црква, во коишто луѓето кои биле на прагот на смртта, ги примиле силата и одговорите од Бога, за решавање на сите нивни проблеми. Многу жалев за оние души, чии што срца се изменија, иако ги примија Божјата милост и благодет, и за оние кои што ја заборавија својата вера и им се вратија на патиштата на светот. Кога ја чувствуваа агонијата на страдањата во своите животи,

"Мамо,
толку е заслепувачки...
за прв пат,
ја гледам светлината...
Никогаш не помислив
дека тоа ќе ми се случи мене..."

Џенифер Родригез од Филипините, родена слепа, а прогледа за прв пат на своја осум годишна возраст.

таквите луѓе доаѓаа и низ солзи се молеа, "Ќе го живеам животот единствено заради Господа откако ќе го примам исцелувањето." Но, штом ќе ги добиеа исцелувањето и благословите, во потрагата за својата сопствена корист и среќа, овие луѓе забораваа на милоста Божја, и застрануваа од патот на вистината. Дури и да им беа решени физичките проблеми кои ги имаа, сето тоа им беше бескорисно, бидејќи нивните духови застранија и се оддалечија од патот на спасението, па тргнаа по патот за Пеколот.

Слепородениот човек поседувал добро срце, што не можело да ја заборави милоста која му била направена. Затоа, кога го сретнал Исуса, тој не само што го примил исцелувањето од слепоста, туку засигурно го примил и благословот на спасението. Кога Исус го прашал, "Дали веруваш во Синот Човечки?" тој одговорил, "А Кој е Тој, Господе, за да верувам во Него" (с. 35-36). Кога Исус му одговорил, "Го имаш видено, Тој Кој што зборува со тебе – Тој е," а човекот веднаш се исповедал, "Верувам Господи" и Му се поклонил (с. 37-38). Човекот не покажал едноставна "вера"; тој го примил Исуса како Христа. Тоа претставувало цврста исповед, во којашто се одлучил единствено да Го следи Господа, и да го живее својот живот единствено за Него.

Бог посакува сите да дојдеме пред Него, поседувајќи ги таквите добри срца. Тој не сака да види како Го бараме Него,

"Срцето мое ме доведе до тоа место...

Копнеев по благодетта...

Бог ми подари голем подарок.
Она што ме прави посреќна
од самото гледање
е фактот што
го сретнав живиот Бог!"

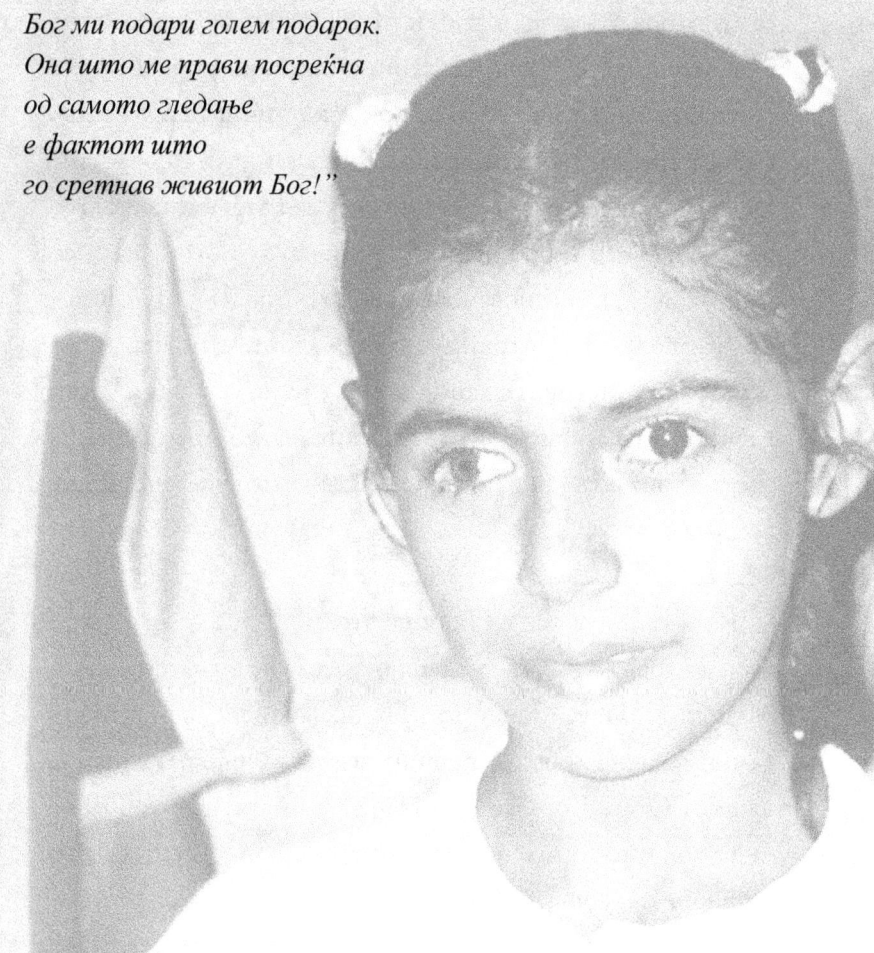

Марија од Хондурас,
која го загуби видот на десното око
кога беше на двегодишна возраст,
а прогледа веднаш по примањето на молитвата
од Др. Џерок Ли

само заради тоа што ни ги излекувал болестите и нѐ благословил. Тој копнее да нѐ види како ја разбираме Неговата вистинска љубов, во која беспоштедно го дал Својот Еден и Единствен Син за нас, и дека го примаме Исуса како наш Спасител. Ние треба да Го сакаме не само со исповедањето преку нашите усни, туку исто така и со нашите дела, врз основа на Словото Божјо. Во 1 Јован 5:3, Тој ни кажува, "Затоа што ова е љубовта Божја, да ги запазуваме Неговите заповеди; а тие не се тешки." Ако навистина го сакаме Бога, тогаш мораме да го отфрлиме од нас сето она што претставува зло, и секојдневно да чекориме во светлината.

Кога ќе побараме од Бога нешто, поседувајќи ги таквата вера и љубов во нас, како Тој би можел да не ни одговори? Во Матеј 7:11, Исус ни ветува, "Па така ако вие, кои што сте зли, им давате добри дарови на чедата ваши, колку повеќе вашиот Отец, Кој што е на Небеста, ќе им даде добра, на оние кои што го молат!" верувајте дека Богот Отецот ќе ви одговори на вашите молитви, на Своите сакани чеда.

Затоа не е важно со каква болест или проблем излегуваме пред Бога. Преку исповедта, "Верувам Господи!" којашто извира од самиот центар на вашето срце, кога ќе ги манифестираме делата на верата, Господ, Кој што го исцелил слепородениот човек, ќе ви ги излекува сите болести, ќе го

"Лекарите ми рекоа
дека наскоро ќе ослепам...
нештата почнаа да бледеат...

Ти благодарам, О Господи,
што ми ја даде светлината...

Те очекував Тебе..."

Преч. Рикардо Моралес од Хондурас,
кој речиси ослепе
по една несреќа
но повторно прогледа

претвори невозможното во возможно, и ќе ви ги реши сите проблеми во животот.

Делото на отворањето на очите на слепите во Централната Манмин Црква

Уште од самото основање во 1982, Манмин во голема мерка го славеше Бога преку делата на отворањето на очите на безброј личности, кои што беа слепи. Голем број на луѓе кои што биле родени слепи, го примија исцелувањето после мојата молитва. Видот на оние кои што зависеа од очила или контактни леќи, повторно им беше вратен во нормала. Помеѓу големиот број на сведоштва, издвојуваме неколку примери.

Кога го предводев Големиот Заеднички Крстоносен Поход во Хондурас, во јули 2002, се сретнав и се помолив за дванаестгодишното девојче по име Марија, која го изгубила видот на своето десно око, по сериозната треска, на двегодишна возраст. Нејзините родители направиле безброј безуспешни обиди да ѝ го вратат видот. Дури и трансплантацијата на рожницата што Марија ја направила, не дала никаков резултат. Во следните десет години, по неуспешната трансплантација, Марија не можела да насети ниту светлина на своето десно око.

Во 2002, во својата искрена желба за милоста Божја, Марија присуствуваше на крстоносниот поход, на којшто ја прими мојата молитва, и веднаш почна да насетува светлина, а набргу потоа видот во целост и се врати. Нервите на десното око, што беа изумрени, преку силата на Бога повторно се создадоа. О колку прекрасно е сето тоа? Безброј луѓе во Хондурас славеа и извикуваа, "Бог навистина е жив, и делува дури и ден денес!"

Пасторот Рикардо Моралес кој речиси ослепе, во целост се исцели преку слатката вода од Муан. Седум години пред Крстоносниот поход во Хондурас, Пасторот Рикардо доживеал сообраќајна несреќа, во којашто ретината на окото му била сериозно оштетена и имал јако крварење во окото. Докторите му кажале на Пасторот Рикардо дека постепено ќе го изгуби видот, и на крајот ќе стане слеп. Но, тој доби исцелување уште првиот ден од Конференцијата на црковните водачи, којашто се одржа во 2002, во Хондурас. Откако го слушна Словото Божјо, тој во верата отиде и стави од слатката вода од Муан во своите очи, и вчудоневиден приметил дека објектите кои ги гледал веднаш му станале појасни. Во првиот момент, поради тоа што никогаш порано немал видено такво нешто, Пасторот Рикардо не можел да поверува дека тоа се случило. Таа вечер, тој присуствуваше на првата сесија од Крстоносниот поход. Одеднаш, леќите од неговите очила му испаднале и го слушнал гласот на Светиот Дух: "Ако не ги извадиш сега очилата, ќе станеш слеп." Пасторот Рикардо ги извадил очилата и сватил дека може јасно да ги види нештата околу себе. Видот му бил возобновен и тој веднаш му ја оддал славата на Бога.

Во Црквата Манмин во Најроби, Кенија, еден млад човек по име Комбо, го посетил својот роден град, кој што се наоѓа на околу 400 километри оддалеченост (околу 250 милји) од црквата. За време на посетата, тој го ширел евангелието на членовите на својата фамилија и им кажувал за чудесните дела на Божјата сила, што се случувале во Централната Манмин Црква, во Сеул. Тој се молел за нив со шамивчето на коешто јас се имав помолено. Комбо исто така им го подарил и календарот којшто беше отпечатен во нашата црква.

Откако бабата го чула внукот како го проповеда евангелието, којашто била слепа, во себеси искрено си помислила една желба, 'Би сакала и јас да можам да ја видам фотографијата на Др. Церок Ли, исто така,' држејќи го календарот со двете раце. Она што следело било навистина чудесно. Веднаш штом бабата на Комбо го отворила календарот, очите ѝ се отвориле, и таа можела да ја види фотографијата. Алелуја! Фамилијата на Комбо ја имала привилегијата од прва рака да го доживее делувањето на силата Божја, што ѝ ги отворила очите на бабата, и веднаш поверувале во живиот Бог. Потоа, откако вестите за овој настан се рашириле меѓу селаните од селото, тие побарале да се направи огранок на црквата Манмин, и кај нив исто така.

Преку безбројните дела на силата Божја низ целиот свет, сега постојат илјадници ограноци на црквата Манмин насекаде по светот, и евангелието на светоста се проповеда до најодалечените места во светот. Кога ќе ги признаете и ќе поверувате во делата на силата Божја, и вие исто така ќе станете наследник на Неговите благослови.

Исто како што беше случајот и во времето на Исуса, кога наместо да се радуваат и да го прославуваат Бога, голем број на луѓе и денес само судат, осудуваат и зборуваат против делата на Светиот Дух. Мораме да сватиме дека тоа е страшен грев, бидејќи Исус посебно ни предочил за тоа во Матеј 12:31-32: "Затоа ви велам, секој грев и хула ќе им се прости на луѓето, но хулата против Духот нема да се прости. На оној кој што ќе каже нешто против Синот Човечки, ќе му биде простено; но на оној кој што зборува против Духот Свети, нема да му боде простено, ниту во овој век, ниту во векот кој што доаѓа."

За да не се спротивставиме на делувањето на Светиот Дух, туку да ги доживееме прекрасните дела на силата Божја, мораме да го признаеме нејзиното делување и да копнееме по неа, онака како што тоа го направил слепородениот човек од Јован 9. Согласно со тоа колку луѓето се имаат приготвено себеси како садови Божји, за примањето на одговорите во верата од Него, некои ќе го доживеат делувањето на силата Божја, додека други нема.

Како што ни кажува Псалм 18:25-26, "Со милостивиот и Ти си милостив; на чесниот со чесност му враќаш; со чистиот и Ти си чист, а со развратниот, ти си спротивен," во името на нашиот Господ Исус Христос се молам, да сите ние, преку верата во Бога, Кој што наградува во согласност со тоа што сме го направиле, станеме наследници на Неговите благослови!

Порака 7

Луѓето ќе стануваат, ќе поскокнуваат, и ќе одат

Марко 2:3-12

И дојдоа при Него, носејќи фатен,
кого го носеа четворица.
И затоа што, заради толпата,
не можеа да го донесат до Него,
го открија покривот над Него;
го пробија и ја спуштија постелата,
на којашто лежеше фатениот.
А Исус, кога ја виде верата нивна,
му кажа на фатениот,
'Синко, простени ти се гревовите твои.'
Но некои од книжниците седеа таму
и размислуваа во срцата свои,
'Зошто зборува така овој човек?
Тој хули; кој може да простува гревови,
освен Самиот Бог?'
Исус веднаш, штом во духот Свој созна
дека тие размислуваат така,
им рече, 'Зошто размислувате така
во срцата свои? Што е полесно,
да му се каже на фатениот,
"Простени ти се гревовите твои"; или пак,
"Стани, земи ја постелата своја и оди си"?
Но за да знаете дека Синот Човечки
ја има власта да ги простува
гревовите на земјата,' му рече на фатениот,
'Ти кажувам, стани,
земи ја постелата своја и оди си дома.'
И тој стана, веднаш ја подигна постелата своја
и отиде пред очита на сите,
за сите да се восхитуваат и да го слават Бога,
кажувајќи, 'Никогаш немаме видено вакво нешто'"

Библијата ни кажува дека во Исусово време, голем број на парализирани или сакати луѓе, го примиле целосното исцелување, и многу го славеле Бога заради тоа. Како што Бог ни има ветено во Исаија 35:6, "Тогаш хромиот ќе поскокнува како елен, а јазикот на немиот во радост ќе восликнува," и во Исаија 49:8, "Во времето на милоста Јас ќе Ти одговорам, во денот на спасението Јас ќе Ти помогнам; и ќе Те зачувам и ќе Те дадам за завет на луѓето, за повторно да ја воспоставам земјата, и повторно да го разделам запустеното наследство" Бог не само што ќе ни одговори на нашите молитви, туку исто така и ќе нé поведе кон спасението.

Ова сé до денешен ден се посведочува во Централната Манмин Црква, каде што преку делата на манифестирањето на чудесната сила Божја, најдоа исцелување голем број на болни, кои проодеа, стануваа од своите инвалидски колички, и ги отфрлаа патериците.

Со каква вера во себе, фатениот кој што е опишан во Марко 2, дошол пред Исуса и го примил спасението и благословите? Се молам за сите вас, кои во моментот не сте во состојба да одите заради некоја болест, станете, одете и повторно почнете да трчате.

Парализираниот слуша вести за Исуса

Во Марко 2 е во детали објаснет настанот, кога еден парализиран човек го прима исцелувањето од Исуса Христа, за време на Неговата посета на Капернаум. Еден многу сиромашен парализиран човек живеел во тој град, кој не можел ниту самиот да се постави во седечка позиција. Тој го живеел животот единствено затоа што не можел да умре. Но, тој ги чул вестите за Исуса, Кој што им ги отворил очите на многу слепи, ги исцелил сакатите, изгонувал зли духови и ги излекувал луѓето од многу болести. Затоа што го поседувал доброто срце во себе, кога слушнал за Исуса, тој силно посакал да се сретне со Него.

Еден ден му стигнале вестите дека Исус дошол во Капернаум. О, колку ли се радувал на претстојната средба со Него? Парализираниот не бил во состојба самиот да се движи, па затоа побарал од пријателите да го однесат пред Исуса. Затоа што и тие, исто така, ја поседувале силната желба за тоа, тие се согласиле да му помогнат, и да го одведат пред Исуса.

Парализираниот и неговите пријатели доаѓаат пред Исуса

Парализираниот и неговите пријатели пристигнале во

куќата, во којашто Исус проповедал, но поради големата насобрана толпа луѓе, тие не можеле да најдат простор ниту до самата врата, а камоли во внатрешноста на куќата. Ситуацијата не им дозволувала да стигнат до Исуса. Тие сигурно ги молеле луѓето од толпата, "Ве молиме потргнете се малку! Имаме сериозно болен човек со нас!" Но, куќата и дворот биле исполнети со луѓе. Ако парализираниот и неговите пријатели не ја поседувале големата вера во себе, тие најверојатно би се вратиле дома без да го сретнат Исуса.

Но, тие не се откажале, туку ја искажале својата голема вера. Откако длабоко размислиле за начинот на којшто би можеле да Му се приближат на Исуса, тие направиле дупка на покривот над Исуса, и го спуштиле својот пријател. Тие се довеле во ситуацијата каде што би морале да му се извинат на сопственикот на куќата за сторената штете, и да платат за истата, но биле очајни во своите обиди да го сретнат Исуса.

Верата секогаш е проследена со дела, а делата на верата можат да се покажат само тогаш, кога ќе се унизите себеси пред другите, покажувајќи го своето скромно срце. Дали некогаш сте си кажале или сте си помислиле во себе, "Иако сакам, ситуацијата не ми дозволува да одам во црквата"? Дури и парализираниот човек да се исповедал сто пати, "Господе, верувам дека Ти знаеш дека не можам да Те сретнам, затоа што сум парализиран. Верувам дека ќе ме исцелиш, дури и само да лежам на мојата постела," тој не би ја искажал својата голема вера.

Без разлика на последиците, парализираниот отишол пред Исуса, за да го прими исцелувањето од Него. Тој длабоко верувал и бил убеден дека ќе го добие исцелувањето ако го сретне Исуса. Затоа тој ги замолил своите четири пријатела да му помогнат. Поради фактот што и неговите пријатели, исто така ја поседувале големата вера во себе, тие биле во состојба да направат дупка на покривот на куќата на некој непознат сопственик.

Ако навистина верувате дека ќе го примите исцелувањето од Бога, тогаш доаѓањето пред Него претставува доказ за вашата силна вера. Затоа, откако ја направиле дупката на покривот, тие го спуштиле парализираниот пријател, заедно со неговата постела, за да може да се појави пред Исуса. Во тие времиња, покривите на куќите во Израел биле рамни, а имало скалила покрај работ на куќата, што им овозможувало на луѓето лесен пристап до покривот. Ќерамидите можеле многу лесно да се отстранат. Заради овие нешта, на прализираниот му било овозможено да се појави пред Исуса.

Можеме да ги примиме одговорите на молитвите, откако ќе го решиме нашиот проблем со гревот

Во Марко 2:5, можеме да прочитаме дека Исус бил воодушевен од делото на верата на парализираниот човек и неговите пријатели. Зошто му рекол, "Синко, простени ти се гревовите твои" пред да го исцели? Тоа било така затоа што, проштевањето на гревовите мора да му претходи на чинот на исцелувањето.

Во Исход 15:26, Бог ни кажува, "Ако искрено и внимателно го запазиш она што го кажува гласот на ГОСПОДА, твојот Бог, вршејќи што е право во очите Негови, ако го насочуваш увото свое кон заповедите Негови, и ги запазуваш сите закони Негови, нема да пуштам врз вас болести, какви што пуштив врз Египјаните; затоа што Јас сум ГОСПОД, твојот исцелител." Тука, "болестите што ги пуштив врз Египјаните" се однесува на сите болести коишто му се познати на човештвото. Затоа, кога ќе им се покоруваме на заповедите Негови, и кога ќе го живееме својот живот според Словото Негово, Бог нè заштитува, така да ниедна болест не може да нè фати. Понатаму, во Второзаконие 28 Бог ни ветува дека, сè додека го запазуваме и живееме според Словото, ниедна болест нема да може да ни ги обземе нашите тела. Во Јован 5, откако го излекувал човекот што бил болен веќе триесет и осум години, Исус му кажал, "Не греши повеќе, за да не те снајде нешто полошо" (с.14).

Заради тоа што сите болести произлегуваат од гревот, пред да го исцели парализираниот човек, Исус прво му ја дал прошката на неговите гревови. Одењето пред Исуса, не секогаш мора да резултира со проштевање. За да можеме да го примиме исцелувањето, прво треба да се покаеме за нашите гревови и да се одвратиме од грешните патишта. Ако сте грешник, треба да се измените во личност која што не греши повеќе; ако на пример сте лажеле, морате да се измените во личност која повеќе не кажува лаги, а ако сте ги мразеле другите луѓе, треба да престанете со омразата. Единствено оние кои што му се покоруваат на Словото, Бог им дава проштевање. Исповедањето "верувам" не може да ви го гарантира проштевањето; кога ќе навлеземе во светлината, крвта на нашиот Господ, природно нѐ чисти од сите наши гревови. (1 Јован 1:7).

Парализираниот проодел преку силата на Бога

Во Марко 2, можеме да прочитаме дека по примањето на проштевањето, човекот кој што бил парализиран се исправил и станал, одејќи пред очите на сите присутни луѓе. Кога стигнал пред Исуса, тој бил положен на својата постела. Во моментот кога Исус му кажал, "Синко, простени ти се гревовите твои" (с.5). Наместо да се радуваат заради исцелувањето, учителите на законот почнале да се караат меѓу себе. Кога Исус му кажал на човекот, "Синко, простени ти се гревовите твои," тие си помислиле во себе, "Зошто зборува така овој човек? Тој хули; кој може да простува гревови, освен Самиот Бог?"(с.7)

Тогаш Исус им кажал, "'Зошто размислувате така во срцата свои? Што е полесно, да му се каже на фатениот, "Простени ти се гревовите твои"; или пак, "Стани, земи ја постелата своја и оди си"? Но за да знаете дека Синот Човечки ја има власта да ги простува гревовите на земјата," (с. 8-10). Откако ги просветлил за промислата Божја, кога му кажал на парализираниот, "Ти кажувам, стани, земи ја постелата своја, и оди си дома," (с.11) човекот веднаш се исправил, станал и проодел. Со други зборови кажано, за да може парализираниот да го прими исцелувањето, прво морал да го прими проштевањето на своите гревови, а Бог дал гаранција за секој збор изговорен од Исуса. Тоа исто така претставува уште еден доказ дека Семоќнот Бог ни го гарантира спасението преку Исуса Христа, Спасителот на човештвото.

Случаите на станување, поскокнување и проодување

Во Јован 14:11, Исус ни кажува, "Верувајте Ми дека сум во Отецот, и дека Отецот е во Мене; или пак верувајте заради самите дела." Затоа треба да веруваме дека Богот Отецот и Исус се едно исто, посведочувајќи за случајот на парализираниот кој што дошол пред Исуса во вера, кому му биле простени гревовите, и кој што станал, потскокнал и проодел на заповедта Исусова.

Во следниот стих, Исус исто така ни кажува, Јован 14:12, "Вистина, вистина ви велам, кој верува во Мене, делата што ги правам Јас, ќе ги прави и тој; дури и поголеми ќе прави, бидејќи Јас си одам кај Отецот". Бидејќи стопроцентно верував во Словото Божјо, откако бев повикан да бидам слуга Божји, јас посветив многу време на постот и молитвата, голем број на денови го правев тоа, за да можам да ја примам Неговата сила. Последователно на тоа, следуваа многу сведоштва за исцелувањето на болестите кои модерната медицина не можеше да ги излекува, а кои постојано се случуваа во црквата Манмин, уште од нејзиното основање.

Секој пат кога црквата во целина ќе поминеше низ искушенија и испитанија заради благословите, брзината на исцелувањето на пациентите постојано се зголемуваше. Се исцелуваа сè посериозни заболувања исто така.

Преку годишниот Двонеделен Специјален Оживувачки Состанок, кој што се одржуваше од 1993 до 2004 година, и преку светските Големи Заеднички Крстоносни Походи, голем број на луѓе од светот имаа прилика да го доживеат делувањето на вчудоневидувачката сила Божја. Издвојуваме неколку случаи од многуте во коишто луѓето стануваа, поскокнуваа и проодуваа.

Станувањето по деветгодишното седење во инвалидска количка

Првото сведоштво е поврзано со Ѓаконот Јоонсуп Ким. Во мај 1990, тој паднал од висина која била еднаква на петспратна зграда, додека изведувал работи на електричната инсталација во Тедок Научниот град во Јужна Кореја. Случката се случила пред неговото верување во Бога.

Веднаш по падот, тој бил однесен во болницата Сун во Јоосунг, Чоонгнам провинција, каде што бил во кома во текот на шест месеци. По будењето од комата, болката која ја почувствувал заради притисокот и пукањето во единаесетиот и дванаесетиот торакален пршлен и од килата во четвртиот и петтиот лумбален пршлен, била неподносливо тешка и агонизирачка. Лекарите во болницата го информирале Ким дека ситуацијата му е критична. Повеќепати бил примен во многу други болници после тоа. Но не почувствувал никаква промена, ниту напредок кон подобро, во својата состојба. Ким бил дијагностициран со попреченост од прв степен. Околу појасот тој постојано требало да носи потпорна протеза за својот рбет. Бидејќи не можел ниту да легне, морал постојано да спие во седечка позиција.

Во текот на тој тежок период од неговиот живот, Ким бил евангелизиран и дошол во црквата Манмин, каде што го почнал својот живот во Христа. Кога присуствувал на

"Моите здрвени нозе и половина...
моето закоравено срце...

Не можев да легнам,
не можев да одам...
на кого можев да се
потпрам?

Кој би ме прифатил?
Како би живеел?"

Ѓаконот Јооѕир Ким
кој имаше грбна протеза и беше во количка

"Алелуја!
Бог е жив!
Можете ли да видите како одам?"

Ѓаконот Ким се радува со другите членови на црквата Манмин по примањето на исцелувањето преку молитвата на Др. Џерок Ли

Специјалниот Состанок за Божественото исцелување, во ноември 1998, Ким доживеал неверојатно искуство. Пред почетокот на состанокот, тој не бил во состојба да легне на грбот, или пак самиот да оди во тоалет. Откако ја примил молитвата, тој веднаш бил во состојба да стане од својата инвалидска количка, и да почне да се движи со помош на патерици.

За да го добие целосното исцелување, ѓаконот Ким верно присуствувал на сите богослужби и состаноци, и постојано, непрестано се молел. Во својата искрена желба и подготовка за Седмиот Двонеделен Специјален Оживувачки Состанок, одржан во мај, 1999, тој постел во текот на дваесет и еден ден. Кога се помолив за болните од проповедалната за време на првата сесија од Состанокот, ѓаконот Ким почувствувал силен зрак на светлина којашто го осветлила, и видел визија во којашто се видел себеси како трча. Во втората недела од Состанокот, кога ја положив својата рака на него, и се помолив за него, тој можел да почувствува дека целото негово тело станало полесно. Кога огнот на Светиот Дух се спуштил на неговите стапала, му била дадена неверојатна сила, којашто не ја познавал. Веднаш бил во состојба да ја отфрли протезата за рбетот и патериците, без потешкотии да оди и слободно да се движи во половината.

Преку силата на Бога, ѓаконот Ким повторно почнал нормално да оди, како секоја нормална личност. Тој сега дури вози велосипед и вредно ѝ служи на црквата. Неодамна тој се ожени и сега има вистински среќен живот.

Станувањето од инвалидската количка, откако ќе се прими молитвата изречена врз шамивчињата

Во црквата Манмин се забележани спектакуларни настани, слични на оние запишани во Библијата, и неверојатни чуда и чудеса; преку кои уште повеќе се славеше Богот Отецот. Еден од таквите чуда и настани, е манифестирањето на силата Божја преку молитвата искажана врз шамивчињата.

Во Дела 19:11-12, можеме да прочитаме дека "А Бог правеше неверојатни чуда преку рацете Павлови, па кога врз болните полагаа крпи и шамивчиња за пот, што го беа допреле телото негово, болестите ги напуштаа, а злите духови излегуваа од нив." Слично на тоа, кога луѓето ќе го земеа шамивчето врз кое јас се имав помолено, или некој друг објект што го беше допрел моето тело, се случуваше неверојатното дело на исцелувањето на болните, преку манифестирањето на силата Божја. Како последица, голем број на земји и луѓе во светот, побараа да извршиме Крстоносни Походи со шамивчињата, во своите региони и области. Потоа, голем број на луѓе во земјите од Африка, потоа од Пакистан, Индонезија, Филипините, Хондурас, Јапонија, Кина, Русија и други, беа во можност да ги доживеат овие "неверојатни чуда" исто така.

Во април 2001, еден од пасторите на црквата Манмин изврши Крстоносен Поход со шамивчиња во Индонезија, на којшто безброј луѓе го примија исцелувањето и му ја оддаваа славата на живиот Бог. Меѓу нив беше и поранешниот државен гувернер, кој што претходно беше во инвалидска количка. Кога го прими исцелувањето преку молитвата искажана врз шамивчето, настанот стана вистинска сензација во светот.

Во мај 2003, друг пастор од црквата Манмин изврши Крстоносен Поход со шамивчиња во Кина, на којшто покрај големите случаи на исцелување, еден човек, кој се потпирал на патерици во текот на триесет и четири години, повторно беше во состојба самиот да чекори.

Ганеш ги отфрли патериците на Фестивалот на чудесната исцелувачка молитва во 2002, во Индија

На Фестивалот на чудесната исцелувачка молитва во 2002, во Индија, којшто се случи на плажата Марина во Ченаи, каде што е доминантно хинду население, повеќе од три милиони луѓе се собраа, и од прва рака можеа да посведочат за делувањето на вчудоневидувачката сила Божја, па голем број од нив се обратија во Христијанството. Пред овој крстоносен поход, брзината со која се опуштаа

здрвените коски и се оживуваа умртвените нерви, напредуваше бавно. Со почетокот на крстоносниот поход во Индија, исцелувачкото делување почна да се спротивставува на редот на човечкото тело.

Меѓу оние кои што го примија исцелувањето, беше и шеснаесет годишното момче по име Ганеш. Тој паднал од велосипед и си ја повредил десната карлица. Тешката финансиска состојба во неговиот дом, не дозволила да добие соодветен третман. По една година се развил тумор во неговата коска, и тој бил приморан да оди на операција, каде што му била ампутирана десната карлица. Лекарите му инсталирале тенка метална плоча на бутната коска, и на остатокот од неговата карлица, којашто ја прицврстиле со девет штрафови. Неподносливата болка од штрафовие не му дозволувала да оди по скалите, ниту со употребата на патериците.

Кога слушнал за крстоносниот поход, Ганеш одлучил да присуствува на него, и веднаш го доживеал огненото делување на Светиот Дух. На вториот ден од четиридневниот крстоносен поход, откако ја примил "Молитвата за болните" тој почувствувал дека телото му се загрева, како да бил ставен во казан со врела вода, и престанал да чувствува болка во телото. Веднаш се качил на подиумот за да го сподели сведоштвото за своето исцелување. Отогаш не почувствувал повеќе болки во

"Иако немав доволно сила да помрднам дури и еден прст, знаев дека ќе бидам исцелен кога застанав пред Него. Надежта не ми беше залудна, и Бог ми ја исполни!"

Жена со индиско потекло стана од инвалидската количка и прооде веднаш по примањето на молитвата од Др. Џерок Ли телото, ниту пак ги користел патериците, слободно движејќи се и трчајќи како порано.

Жена станува од својата инвалидска количка во Дубаи

Во април 2003, додека бев во Дубаи, Обединети Арапски Емирати, една жена со индиско потекло, стана од својата инвалидска количка, веднаш по примањето на мојата молитва. Таа беше интелигентна жена, која што имаше студирано во Соединетите Држави. Поради личните проблеми, таа страдаше од ментален шок, кој потоа се искомплицирал со последователните ефекти од сообраќајна несреќа.

Кога за прв пат ја видов оваа жена, таа не беше во состојба да чекори, немаше доволно сила ниту да зборува, и не можеше ниту да ги подигне очилата кога ќе ѝ паднеа. Таа ми кажа дека се чувствувала толку слаба, што не можела ниту да пишува, ниту да подигне обична чаша со вода. Ако луѓето ја допреа, таа чувствуваше неверојатни болки. По примањето на молитвата, жената веднаш стана од својата инвалидска количка. Бев вчудоневиден да ја видам оваа жена, која пред неколку минути немаше сила ниту да зборува, како си ги собира предметите и ја напушта собата чекорејќи сама.

Еремија 29:11 гласи, "'Затоа што Јас ги знам замислите Свои, кои ги имам за вас,' изјави ГОСПОД, 'замислите за добробит, а не несреќа, за да ви дадам иднина и надеж.'" Нашиот Бог Отец нè сака толку многу, што беспоштедно си го дал Својот Еден и Единствен Син, за нас.

Затоа, дури и да сте живееле мизерен живот поради некој физички недостаток, морате да ја имате надежта за животот во среќа и здравје, со верата во Богот Отецот. Тој не сака да види ниедно од Неговите чеда како поминува низ испитанија и страдања. Тој копнее да му подари на човештвото мир, радост, среќа и подобра иднина.

Преку приказната за парализираниот човек, опишана во Марко 2, би требало да ги дознаете начините и методите со кои би можеле да ги примите одговорите на своите молитви и на желбите на своите срца. Се молам во името на Исуса Христа, секој од вас да се приготви себеси како убав сад на верата, и да ги прими одговорите на своите желби и посакувања!

Порака 8

Луѓето ќе се радуваат, ќе танцуваат, и ќе пеат

Марко 7:31-37

И кога излезе пак од пределот на Тир,
дојде преку Сидон до Галилејското Море,
среде пределот на Десетоградието.
И Му доведоа глув и нем,
и Го замолија да положи рака врз него.
Исус го одведе насамо од толпата,
и ги стави прстите Свои во ушите негови,
па откако плукна,
го допре јазикот негов со Својата плунка;
погледна кон Небесата и низ длабока воздишка,
му рече, 'Ефата!' што значи, 'Отвори се!'
И веднаш му се отворија ушите,
и се отстрани попреченоста на јазикот негов,
и тој почна течно да зборува.
И им нареди никому да не кажуваат за тоа;
но колку повеќе им наредуваше Тој,
толку повеќе тие го разгласуваа настанот.
Крајно вчудоневидени, тие говореа,
'Тој сẻ добро прави;
Глувите ги прави да прослушаат,
а немите да проговорат'

Можеме да го прочитаме следното во Матеј 4:23-24:

Исус одеше низ цела Галилеја, поучувајќи во синагогите нивни, и проповедајќи го евангелието за Кралството, лекуваше секаква болест и секаква немоќ меѓу народот. И се разнесе веста за Него низ цела Сирија; и ги доведоа кај Него сите што беа болни, сите кои страдаа од разни болести и маки, обземените со демони, епилептичарите и фатените; и Тој ги исцелуваше.

Исус не само што го проповедал Словото Божјо, и добрите вести за Кралството, туку воедно и лекувал и исцелувал безброј луѓе, кои што страдале од различни болести и немоќи. Преку лекувањето на болестите, коишто не можеле да бидат излечени преку човечкото знаење и сила, проповеданото Слово Исусово станувало впишано во срцата на луѓето, и преку нивната вера Тој ги водел кон Небесата.

Исус го исцелува глувонемиот човек

Во Марко 7 е запишана приказната за настанот кога Исус

патувал од Тир до Сидон, а потоа до морето Галилејско, и во областа на Десетоградието, каде што го исцелил глувиот и нем човек. Ако некоја личност "едвај да може да зборува," тоа значи дека д'тка и дека не зборува течно. Човекот за кого станува збор во овој пасус, најверојатно научил да зборува кога бил дете, но поради својата подоцнежна глувост, тој "едвај да можел да зборува" тогаш.

Зборувајќи за "глувонема" личност, можеме да кажеме дека тоа е личност, која што не го има научено јазикот и која зборува тешко поради својата глувост, додека "тешка наглувост (брадиакусија)" се однесува на тешкотиите во слушањето. Постојат многу начини преку кои една личност може да стане глувонема. Првиот е секако наследниот фактор. Тогаш личноста се раѓа со вродена глувонемост, ако мајката на пример, страдала од рубеола (поинаку позната како "Германски сипаници") или пак ако земала грешни лекови за време на бременоста. Во друг случај, ако кај детето се дијагностицира менингитис кога е на три, или четири годишна возраст, токму во времето кога тоа учи да зборува, тоа може да стане глувонемо. Во случаите на брадиакусија, ако дојде до перфорација на ушното тапанче, слушните апаратчиња можат да бидат од голема помош, во надминување на таа потешкотија. Ако постои проблем со самиот слушен нерв, тогаш слушните апаратчиња не можат да помогнат. Во други случаи, во коишто луѓето работат во многу гласно опкружување, или кај оние каде што ослабувањето на слушањето се случува и е во напредна фаза со текот на годините, лекарите кажуваат дека нема некој лек кој би им помогнал.

Една личност може да стане глува или нема, ако стане обземена од демони. Во таквите случаи, кога една личност со духовен авторитет успее да ги изгони демоните и злите духови, личноста повторно ќе може нормално да слуша и зборува, во истиот момент на исцелувањето. Во Марко 9:25-27, кога Исус го прекорил лошиот дух што бил во детето кое не можело да зборува, "Нем и глув духу, Јас ти заповедам, излези од него, и повеќе не влегувај во него," (с.25) лошиот дух веднаш го напуштил телото на момчето, и тоа во истиот момент било исцелено.

Верувајте дека штом Бог делува, ниедна болест, или слабост, не може да ви претставува проблем, ниту закана. Затоа можеме да прочитаме во Еремија 32:27, "Ете, Јас сум ГОСПОД, Бог на секое тело; можно ли е Мене нешто да ми е невозможно?" Псалм 100:3 не поттикнува да узнаеме "Знајте дека ГОСПОД е Бог; Тој нé создаде и ние сме Негови; Негов народ сме и овци на Неговото пасиште," додека пак, Псалм 94:9 нé потсетува, "Не слуша ли Оној, Кој што го засадил увото? Не гледа ли Оној, Кој што го создаде окото?" Кога од сé срце веруваме во Семоќниот Бог Отец,

Кој што ги создал нашите уши и очи, тогаш сѐ е можно. Затоа за Исуса, Кој што дошол во тело на земјата, сѐ било возможно и можно. Како што можеме да прочитаме во Марко 7, кога Исус го исцелил глувиот и нем човек, ушите на човекот се отвориле, и тој можел течно да зборува.

Кога едноставно веруваме во Исуса Христа, а воедно ја бараме и силата Божја, со созреаната вера во нас, делата коишто се запишани во Библијата, повторно ќе се случат и денес. За тоа, Евреите 13:8 ни кажува, "Исус Христос е истиот и вчера, и денес, и ќе биде истиот довека," додека пак Ефесјаните 4:13 нѐ потсетува дека треба "додека сите не дојдеме до единство во верата, до знаењето на Синот Божји, до совршениот човек, до полната мерка на исполнетоста со Христа."

Сепак, дегенерацијата на деловите од човечкото тело, или глувоста и немоста, коишто се резултат на умртвувањето на нервните ќелии, не можат да се излекуваат едноставно преку дарот на исцелувањето. Единствено кога една личност, која што стигнала до полната мерка на исполнетоста со Христа, и може да ја прими силата и авторитетот од Бога, и може да се моли во согласност со волјата на Бога, единствено тогаш може да дојде до исцелувањето на овие нешта.

Песна на благодарноста
од луѓето што
беа исцелени од глувоста

"Со животите
кои ни ги подари,
ќе чекориме
по земјата
копнеејќи по Тебе.

Душата моја, чиста како кристал
оди кон Тебе."

Ѓаконицата Нафшим Парк
ја оддава благодарноста на Бога
по примањето на исцелувањето
од 55-годишната глувост

Случаите на Божјото исцелување на глувоста во црквата Манмин

Бев сведок на многу случаи, во коишто брадиакустиата беше излекувана, и голем број на луѓе, кои уште од самото раѓање не слушаа, за прв пат прослушуваа. Имаше два случаја, каде што луѓето прослушаа за прв пат во својот живот, на нивна педест и пета, и педесет и седма годишна возраст.

Во септември 2000, кога го изведував Фестивалот на чудесното исцелување во Нагоја, Јапонија, тринаесет луѓе, кои што страдаа од попреченост во слухот, го примија исцелувањето, веднаш по примањето на мојата молитва. Вестите им беа пренесени на могу луѓе со исти проблеми во Кореја, и голем број од нив присуствуваа на Двонеделниот Специјален Оживувачки Состанок во мај 2001, примајќи го исцелувањето, во голема мерка му ја оддаваа славата на Бога.

Меѓу нив беше и една триесет и три годишна жена, која што беше глувонема уште од доживеаната несреќа, на своја осумгодишна возраст. Откако беше поведена кон доаѓањето во нашата црква, кратко пред Состанокот во 2001, таа се припреми себеси за примањето на молитвата и одговорите од Бога. Таа присуствуваше на дневниот "Состанок на Даниеловата молитва" и секавајќи се на своите гревови од минатото, таа си го искина срцето во покајание. Откако се припреми себеси за Оживувачкиот Состанок, во искрена желба присуствуваше на Состанокот. За време на последната сесија на Состанокот, кога ја положував раката на глувонемите, за да се помолам за нив, таа не почувствувала моментално подобрување. Сепак, таа не се почувствувала разочарана. Наместо тоа, гледајќи ги сведоштвата на оние кои што во радост го примиле исцелувањето, таа сé повеќе верувала дека и таа ќе биде исцелена.

Бог го сметал тоа нејзино однесување за вера, и ја исцелил веднаш по Состанокот. И јас можев да посведочам дека силата Божја се манифестираше дури и по завршувањето на Состаноците. Тестирањето коешто го направила во болницата потоа, единствено можело да посведочи за нејзиното целосно исцелување и на двете уши. Алелуја!

Вродената глувост го прима исцелувањето

Големината на манифестирањето на силата Божја, од година во година сé повеќе растеше. Во 2002, на Крстоносниот Поход на Чудесното Исцелување во Хондурас, безброј луѓе, кои беа глуви и неми, проговорија и прослушаа. Кога ќерката на шефот на обезбедувањето на крстоносниот поход беше исцелена од својата глувост, која ја имаше целиот свој живот, таа во голема мерка се радуваше и ја искажуваше благодарноста за дадената милост.

Едно од ушите на осумгодишната Медлин Јаимин Бартрес, не ѝ беше исправно израснато, па таа постепено почна да го губи слухот. Откако чула за крстоносниот поход, Медлин го молела татко си, да ја однесе таму. Таа ја прими изобилната милост за време на молитвата, и по примањето на молитвата за болните, почна јасно да слуша. Поради верната и предана работа на својот татко, кој што работеше за крстоносниот поход, Бог го благословил неговото чедо на овој начин.

Во 2002, на Фестивалот на Чудесното Исцелување во Индија, Џенифер го отфрли своето апаратче за слушање

Иако не бевме во можност да ги запишеме сите случаи на сведоштва на исцелувањата, за време и по крстоносниот поход во Индија, ние избравме неколку од нив, за да Му ја оддадеме благодарноста на Бога. Еден од тие случаи беше случајот со девојчето по име Џенифер, кое беше глуво и немо до одредена мерка, уште од своето раѓање. Лекарите ѝ предложиле да носи апаратче за слушање, кое можело малку да ѝ го подобри слухот, но ѝ кажале дека слухот нема да ѝ биде совршен.

Џенифер исцелена од вродената глувост
и наодите на нејзиниот лекар

CHURCH OF SOUTH INDIA

MADRAS DIOCESE

C. S. I. KALYANI MULTI SPECIALITY HOSPITAL
15, Dr. Radhakrishnan Salai, Chennai-600 004. (South India)

Phone: 857 11 01
859 23 05

Ref. No.

Date: 15/10/02

Audiogram Result: Moderate to severe sensori-neural hearing loss i.e 50% - 70% hearing loss; Chennai

To whom it may concern

Miss Jennifer aged 5 yrs. has been examined by me at CSI Kalyani Hospital for her hearing.

After interacting with the child and observing her and after examining the child, I have come to the conclusion that Jennifer has definitely good hearing improvement now than before she was prayed for. Her mother observation of her child is far more important and the mother has definitely noticed marked improvement in her child's hearing ability. Jennifer hears much better without the hearing aid, responding to her name being called where as previously she was not, without the aid

Chris...

Medical Officer,
C. S. I. KALYANI GENERAL HOSPITAL

Откако мајка ѝ на Ценифер секојдневно се молела за нејзино исцелување, тие потоа присуствувале на крстоносниот поход. Мајката и ќерката седнале во близина на еден од големите звучници, бидејќи блискоста на звучникот ионака не би ѝ претставувало проблем на Ценифер. На последниот ден од крстоносниот поход, поради големата толпа што била насобрана, не можеле да најдат место во близина на звучникот. Она што следело, било навистина неверојатно. Веднаш по завршувањето на мојата молитва за болните, која ја искажав од проповедалницата, Ценифер ѝ кажала на мајка си дека звукот ѝ бил прегласен, и ја замолила да го извади апаратчето за слушање. Алелуја!

Според медицинските извештаи кои ги имала пред исцелувањето, Ценифер не би можела да слуша без апаратчето за слушање, дури ниту некој многу гласен звук. Со други зборови, Ценифер веќе го имала изгубено слухот 100 проценти, а по примањето на молитвата, тој бил обновен на 30-50 проценти. Вака гласи извештајот на оториноларингологот Кристина, во врска со оценката на слухот на Ценифер:

За да можам да направам проценка на слушната способност на Ценифер, возраст 5 години, ја прегледав во Ц.С.И. Калјуани Мултиспецијализираната Болница. Откако позборував со Ценифер и ја прегледав, извлеков заклучок дека постои сигурно и значајно подобрување на нејзиниот слух, по слушањето на молитвата. Релевантно и значајно е и мислењето на нејзината мајка. Таа го имаше истото мислење како и јас: слухот на Џенифер сигурно и драстично ѝ се има подобрено. Сега Џенифер може да слуша без помош на апаратчето за слушање, и добро реагира кога луѓето ќе ѝ го спомнат името. Тоа не беше така порано, пред да ја чуе молитвата, кога мораше да го носи апаратчето за слушање.

Кај личностите кои што си ги приготвуваат срцата во верата, силата на Бога несомнено ќе биде манифестирана. Се разбира, постојат голем број на случаи, во коишто ситуацијата на пациентите секојдневно се подобрува, единствено што мораат, е да водат посветени животи во верата во Христа.

Често Бог не го дарува целосното исцелување на оние личности, кои што биле глуви уште од својата младост. Ако веднаш би почнале да слушаат добро уште од првиот момент на исцелување, навистина би им било тешко да ги издржат сите звуци кои би ги слушале. Ако луѓето го изгубат слухот откако ќе пораснат, Бог може во целост да ги исцели уште веднаш, бидејќи нив не би им требало многу време за прилагодување на звуците. Во таквите случаи, луѓето може да бидат збунети во прво време, но по некој ден, ќе се смират и прилагодат на новото ниво на слух коешто го имаат.

Во април 2003, за време на моето патување во Дубаи, Соединетите Арапски Емирати, ја сретнав триесетидвегодишната жена, која што ја имала изгубено способноста за говор, откако настрадала од мозочниот менингитис, кога била на двегодишна возраст. Веднаш по примањето на мојата молитва, таа многу јасно рече, "Ви благодарам!" Си помислив дека таа забелешка беше единствено знак на благодарност, но нејзините родители ми кажаа дека поминале три години откако за последен пат нивната ќерка има изговорено, "Благодарам."

За да можете да ја доживеете силата која што им овозможува на немите да проговорат, и на глувите да прослушаат

Во Марко 7:33-35 е запишано следното:

Исус го одведе насамо од толпата, и ги стави прстите Свои во ушите негови, па откако плукна, го допре јазикот негов со Својата плунка; погледна кон Небесата и низ длабока воздишка, му рече, 'Ефата!' што значи, 'Отвори се!' И веднаш му се отворија ушите, и се отстрани попреченоста на јазикот негов, и тој почна течно да зборува.

Тука, "Ефата" значи "Отвори се" на Еврејски јазик. Кога Исус заповедал со изворниот глас на создавањето, ушите на човекот се отвориле, а јазикот му се пуштил.

Зошто тогаш Исус ги ставил прстите во ушите на човекот, пред да заповеда, "Ефата"? Римјаните 10:17 ни кажува, "И така верата доаѓа од слушањето, а слушањето од Словото на Христа." Поради тоа што човекот не можел да слуша, не било лесно за него да ја поседува верата. Понатаму, човекот не дошол пред Христа да го прими исцелувањето. Наместо тоа, некои луѓе го донеле пред Христа. Ставајќи ги Своите прсти во неговите уши, Исус му помогнал да се здобие со верата преку чувствувањето на Неговите прсти.

Единствено кога ќе го сватиме духовното значење вткаено во оваа сцена, ќе можеме и ние да ја доживееме Неговата сила. Кои специфични чекори би требало да ги преземеме заради тоа?

Прво, треба да ја поседуваме верата за да можеме да го примиме исцелувањето.

Дури и да е мала, оној кој што треба да го прими исцелувњето, мора да поседува некаква вера. Но, за разлика од времето на Исуса, поради напредокот на цивилизацијата, постојат голем број на медиуми, вклучувајќи го тука и знаковниот јазик за глувите, преку кој дури и глувите луѓе можат да разберат за евангелието. Пред неколку години, сите проповедани пораки беа симултано преведувани на знаковниот јазик за глувите, во црквата Манмин. Пораките од минатото, исто така постојано беа преведувани на знаковниот јазик на глувите, на нашиот вебсајт.

Понатаму, преку други начини, вклучувајќи ги тука книгите, весниците, магазините и видео и аудио касетите, луѓето можеа да се здобијат со верата, ако едноставно сакаа да го сторат тоа. Откако ќе се здобиеја со верата, тие можеа да ја доживеат силата на Бога. Веќа спомнав за безброј сведоштва, за да ви помогнам во добивањето вера.

Како следно, треба да го добиеме проштевањето.

Зошто Исус плукнал и го допрел јазикот на човекот, откако му ги ставил прстите во неговите уши? Во духовна смисла тоа го симболизира крштевањето со водата, и било неопходно за да може да се добие проштевањето на гревовите. Крштевањето преку водата означува дека преку Словото Божјо, кое што е чисто како најчистата вода, треба да се исчистиме од сите наши гревови. За да можеме да ја доживееме силата на Бога, прво мораме да го решиме проблемот со нашите гревови. Наместо да ја исчисти нечистотијата на човекот преку водата, Исус го сторил тоа со Својата плунка, што симболично значело дека тој го примил проштевањето на своите гревови. Исаија 59:1-2 гласи вака, "Ете, не е прекратка раката ГОСПОДОВА, за да не може да ве спаси; ниту Му е увото затворено, за да не може да ве чуе. Туку беззаконијата ваши се тие, кои што создадоа разделба меѓу вас и вашиот Бог, а гревовите ваши го скрија лицето Негово, за да не може да ве чуе."

Како што ни има ветено Бог во 2 Летописи 7:14, "И ако се унизи народот Мој, којшто се нарекува со името Мое, ако се помоли и го побара лицето Мое, и ако се откаже од грешните патишта свои, тогаш Јас ќе го чујам од Небесата, ќе му ги простам гревовите и ќе му ја излекувам земјата," за да ги примиме одговорите од Бога, прво мораме да погледнеме наназад во животите свои, и вистинито да си ги искинеме срцата во покајание.

За што би требало да се покаеме пред Бога?

Како прво, мораме да се покаеме затоа што не сме верувале во Бога и не сме го прифатиле Исуса Христа, во минатото. Во Јован 16:9, Исус ни кажува дека Светиот Дух ќе го осуди светот заради вината во врска со гревот, поради тоа што луѓето не верувале во Него. Морате да сватите дека не прифаќањето на Господа претставува грев, па затоа верувајте во Господа и во Бога.

Како второ, ако не сме ги сакале своите браќа во верата, треба веднаш да се покаеме. 1 Јован 4:11 ни кажува, "Сакани, ако Бог нѐ сака, и ние исто така, треба така да се сакаме еден со друг." Ако ве мрази братот ваш, наместо и вие да го мразите него, треба да покажете толеранција и проштевање кон него. Морате исто така да ги сакате дури и своите непријатели, прво да ја барате нивната корист, и да размислувате и да се однесувате, како да сте на нивно место. Кога ќе ги засакате сите луѓе, тогаш Бог исто така ќе ви ги покаже сочувството, милоста и делото на исцелувањето.

Како трето, ако сте се молеле заради некои сопствени интереси, треба веднаш да се покаете заради тоа. Бог не наоѓа радост во оние кои што се молат заради своите сопствени мотиви и интереси. Тој тогаш нема да ви одговори на молитвите ваши. Дури и да е од овој момент па натаму, треба да се молите единствено според волјата на Бога.

Како четврто, ако сте имале сомнежи додека сте се молеле, морате исто така, веднаш да се покаете заради тоа. Јаков 1:6-7 гласи, "Но мора да се моли со вера, без никаков сомнеж, затоа што оној кој што се сомнева, наликува на бранот морски, којшто се подига и фрла од страна на ветрот. Таквиот човек не треба да очекува ништо од Господа." Значи дека кога се молиме, мораме да го правиме тоа во верата, за да можеме да Му угодиме на Бога. Потоа, како што Евреите 11:6 нѐ потсетува, "без вера е невозможно да Му се угоди на Бога," значи отфрлете ги сомнежите ваши, и побарајте единствено спас во верата.

Како петто, ако не сте им се покорувале на заповедите Божји, морате веднаш да се покаете. Како што Исус во Јован 14:21 ни кажува, "Кој ги има и запазува заповедите Мои, е оној кој што Ме сака; а оној кој што Ме сака, ќе биде сакан од Отецот Мој, и Јас ќе го сакам, и Самиот ќе му се откријам," кога ќе го покажете доказот за вашата љубов кон Бога, покорувајќи им се на заповедите Негови, ќе можете да ги примите одговорите од Него. Одвреме навреме, на верниците им се случуваат некои сообраќајни незгоди и несреќи. Тоа се должи на фактот што некои од нив го немаат испочитувано Словото за запазување на светоста на Денот на Господа, или пак не ги понудиле целосните десетоци на црквата. Бидејќи не се придржувале до најфундаменталните правила на Христијаните, а тоа се Десетте Заповеди, не можеле да бидат ставени под заштитата на Бога. На оние кои што верно им се покорувале и ги испочитувале заповедите Негови, сепак им се случуваат сообраќајни незгоди, заради нивна сопствена вина и грешка. Но, тие сепак биле заштитени од страна на Бога. Во таквите случаи, луѓето остануваат неповредени, дури и во сосем искршени возила, поради тоа што Бог ги сака, и на тој начин им го покажува доказот за Својата љубов.

Луѓето кои што не го познавале Бога, често многу бргу го добиваат исцелувањето од Него, по примањето на молитвата. Тоа се должи на фактот што самото нивно доаѓање во црквата, претставува дело на верата, па затоа Бог делува за нив. Но штом луѓето кои што ја поседуваат верата и ја знаат вистината, продолжуваат да ги прекршуваат заповедите Божји, и да не го живеат животот според Словото Негово, тогаш создаваат ѕид на гревот помеѓу нив и Бога, и затоа не го примаат исцелувањето. Па затоа причината поради која Бог во голема мерка делува во случаите на неверниците за време на прекуморските големи соединети крстоносни походи, лежи во тоа што самото доаѓање и присуството на крстоносниот поход, на луѓето кои претходно биле идолопоклоници, се смета за израз на верата во очите на Бога.

Како шесто, ако не сте посеале, тогаш треба да се покаете. Како што Галатјаните 6:7 ни кажува, "Она што човекот ќе го посее, тоа и ќе го пожнее," за да можеме да ја доживееме манифестацијата на силата Божја, мораме прво вредно да присуствуваме на богослужбите. Запаметете дека штом ќе посеете со телото, ќе можете да ги пожнеете благословите на доброто здравје, а кога ќе посеете со богатството, ќе ги добиете благословите на уште поголемото богатство. Затоа ако очекувате да пожнеете без да посеете, морате веднаш да се покаете заради вашата намера.

1 Јован 1:7 гласи, "Ако пак чекориме во Светлината, како што Тој Самиот е во Светлината, имаме заедништво еден со друг, па крвта на Синот Негов, Исус Христос, нѐ очистува од сите гревови." Понатаму, преку цврстото држење до ветувањето на Бога во 1 Јован 1:9, "Ако си ги исповедаме гревовите свои, тогаш Тој е верен и праведен, ни ги простува гревовите и нѐ очистува од секаква неправда," осигурете се дека сте погледнале назад во животот свој, дека сте се покајале, и дека чекорите во Светлината.

Се молам во името на нашиот Господ, Исус Христос, да го примите сочувството од Бога, добиете сѐ што ќе побарате во молитвите свои, и преку силата на Бога, да ги добиете не само доброто здравје, туку и сите благослови, во сите нешта во вашите животи!

Порака 9
Вечната промисла на Бога

Второзаконие 26:16-19

ГОСПОД, твојот Бог, ти заповеда денес,
да ги вршиш овие закони и одредби.
Затоа запази ги и извршувај ги со
сето свое срце и сета своја душа.
Изјави денес дека ГОСПОД е твојот Бог,
и дека ќе чекориш по патиштата Негови,
дека ќе ги запазуваш законите Негови,
заповедите Негови и одредбите Негови,
и дека ќе го слушаш гласот Негов.
ГОСПОД денес изјави дека ти си народот Негов,
Неговата премила сопственост,
како што ти има ветено,
и дека ќе ги запазиш сите заповеди Негови;
а Тој ќе те возвиши со чест, со име и со слава,
над сите други народи, кои ги има направено;
и ти ќе бидеш народ посветен на ГОСПОДА,
твојот Бог, како што Тој има кажано

Ако ги прашате луѓето која е најголемата форма на љубовта, голем број од нив би ја избрале љубовта на родителите, особено онаа на мајката за своето доенче. Но, во Исаија 49:15, можеме да прочитаме, "Може ли жената да го заборави своето доенче, и да не му се смилува на чедото на утробата своја? Па кога и некоја можеби и би заборавила, Јас нема да те заборавам." Обилната љубов Божја е неспоредлива со љубовта на мајката за своето доенче.

Богот на љубовта посакува сите луѓе, не само да го достигнат спасението, туку исто така и да уживаат во вечниот живот, во благословите, и во задоволствата на величествените Небеса. Затоа Тој ги спасува чедата Свои од испитанијата и страдањата, и посакува да им го даде сето она што го пожелуваат. Бог исто така го води секој од нас кон благословениот живот, не само тука на земјата, туку и кон вечниот живот, што допрва треба да дојде.

Преку силата и пророштвата Бог дозволил, во Својата голема љубов, да ја доживееме промислата Божја, за Централната Манмин Црква.

Љубовта на Бога, Кој што сака да ги спаси сите души

Можеме да го прочитаме следното во 2 Петар 3:3-4:

Знајте го пред сѐ ова, дека во последните дни ќе се појават потсмевачи, кои што во своите потсмевања ќе ги следат своите сопствени страсти и ќе велат, "Каде е ветувањето за доаѓањето Негово? Затоа што откако се успаа татковците, сѐ е исто како од почетокот на создавањето."

Постојат голем број на луѓе, кои што не би ни поверувале, кога би им кажале за крајот на светот. Поради фактот што сонцето секогаш изгрева на исток и заоѓа на запад, што луѓето отсекогаш се раѓале и умирале, што цивилизацијата секогаш постепено напредува во својот развој, луѓето природно сметаат дека сето тоа засекогаш ќе си продолжи така.

Како што постои почетокот и крајот на човечкиот живот, така сигурно постои и почеток и крај на човечката историја, исто така. Кога ќе дојде времето коешто го избрал Бог, сето во универзумот ќе се соочи со својот крај. Сите луѓе кои што живееле на земјата уште од времето на Адама, ќе станат за да го добијат својот суд. Во согласност со тоа како го живееле својот живот тука на земјата, тие ќе влезат или во Небесата, или во Пеколот.

Од една страна, луѓето кои што веруваат во Исуса Христа, и кои што го живееле својот живот според Словото Божјо, ќе влезат во Небесата. Од друга страна пак, оние кои што не верувале во Него дури ниту по примањето на евангелизацијата, и не го живееле својот живот според Словото Божјо, туку пребивале во гревот и злото, иако се исповедале дека веруваат во Господа, ќе влезат во Пеколот. Затоа Бог копнее за ширењето на евангелието низ светот, колку што е можно побргу, за да можат да се спасат колку што е можно повеќе души. .

Силата на Бога ќе се рашири во времето на крајот на светот

Поради истата причина за која Бог ја има воспоставено Централната Манмин Црква, Тој ги има манифестирано делата на чудесната сила Своја во неа. Преку манифестирањето на Својата сила, Бог сакал да им пружи доказ за постоењето на вистинскиот Бог на луѓето, и да ги просветли и поучи за постоењето на Небесата и Пеколот. Како што Исус ни има кажано во Јован 4:48, "Ако вие луѓето не видите знаци и чудеса, едноставно не би поверувале," особено во времињата кога гревот и злото преовладуваат во светот, а знаењето на човештвото постојано напредува, делата на силата Божја, којашто може да им ги скрши размислувањата на луѓето, е повеќе од неопходна. Затоа, на крајот од времето, Бог ја дисциплинирал црквата Манмин, и ја благословил со постојаната, сѐрастечка сила.

Култивацијата на човештвото, којашто Бог ја припремил уште од почетокот, сега се приближува до својот крај. Сѐ додека не дојде времето коешто го избрал Бог, силата Негова е неопходен уред, преку кој можат да најдат спасение сите луѓе, кои го имаат благословот да ја добијат шансата за спасение. Единствено преку силата Божја, можат да се поведат кон спасението сѐ поголем број на луѓе, и во побрз временски рок.

Поради постојаните прогонства и страдања, екстремно е тешко да се шири евангелието во некои земји во светот, а постои голем број на луѓе, кои сеуште немаат ниту слушнато за него. Понатаму, дури и меѓу оние кои што ја исповедаат својата вера во Господа, бројот на оние со вистинската вера во себе, не е толку голем, колку што луѓето можеби си мислат. Во Лука 18:8 Исус нѐ прашува, "Но, кога ќе дојде Синот Човечки, ќе најде ли воопшто вера на земјата?" Голем број на луѓе денес присуствуваат на богослужбите во црквите, но не се разликуваат од луѓето на светот, и продолжуваат со животот во грев.

Во земјите и регионите по светот, каде што постои страшно прогонување на Христијаните, кога луѓето ќе ги доживет делувањата на силата Божја, верата којашто не се плаши од смртта процветува, а потоа следи огненото ширење на евангелието. Луѓето кои што живеат во грев, без вистинска вера во себе, кога ќе го доживеат дејствувањето на силата на живиот Бог, добиваат сила за да можат да го живеат својот живот според Словото Божјо.

Одејќи на многуте патувања во странство, јас бев во некои земји, кои со закон го забрануваат проповедањето на евангелието и евангелизацијата, и вршат прогон на Христијанската црква. Бев сведок, како на пример во Пакистан и Обединетите Арапски Емирати, каде што цвета исламската религија, и во претежно Хинду ориентираната Индија, дека штом Исус Христос се докажуваше преку манифестирањето на силата на живиот Бог, безброј души се преобратија и го достигнаа спасението. Дури и да биле идолопоклоници пред тоа, штом ќе го доживееја манифестирањето на силата на Бога, луѓето го прифаќаа Исуса Христа, без страв од прогонства од владата. Ова сведочи за големината на силата Божја.

Како што земјоделецот ја подготвува земјата за жетвата,

така Бог преку манифестирањето на Својата чудесна сила, ги подготвува душите на луѓето, кои што го примаат спасението, во последните денови на светот.

Знаците за крајот на светот, запишани во Библијата

Преку Словото Божјо запишано во Библијата, можеме да насетиме дека времето во коешто живееме, е блиску до крајот на светот. Иако Бог не ни го кажал точното време кога ќе настапи крајот на светот, Тој ни дал индиции, според кои можеме да насетиме кога ќе дојде крајот на светот. Токму онака како што можеме да предвидиме дека сигурно ќе врне дожд, гледајќи ги облаците како се собираат на небото, така и знаците запишани во Библијата ни овозможуваат да ги предвидиме последните денови, гледајќи го текот на историјата на човештвото.

На пример во Лука 21 можеме да прочитаме, "Кога ќе чуете за војни и немири, не плашете се; затоа што тие нешта мораат прво да се случат, но крајот не следи веднаш по нив" (с.9), и "ќе има големи земјотреси, а на некои места ќе има глад и помор; ќе се случуваат страшни нешта, и ќе се појават големи знаци од Небесата" (v.11).

Во 2 Тимотеј 3:1-5, можеме да го прочитаме следното:

А ова знајте го, во последните денови ќе настапат тешки времиња, затоа што луѓето ќе бидат саможиви, среброљубци, фалбаџии, горделиви, хулители, непокорни кон родителите, неблагодарни, несвети, без љубов во себе, непомирливи, клеветници, невоздржани, жестоки, непријатели на доброто, предавници, избувливи, надуени, повеќе страстољубиви отколку богољубиви, ќе изгледаат побожно, иако ќе се откажат од силата Негова; Избегнувај ги таквите личности.

Денес постојат многу катастрофи и знаци насекаде низ светот, а срцата на луѓето секојдневно стануваат сè позлобни. Секоја седмица примам исечоци од вестите за настаните и несреќите низ светот, а нивната големина постојано се зголемува. Тоа значи дека сè повеќе има катастрофи, несреќи и зло, кои го опсипуваат светот.

Што е уште пострашно, луѓето веќе не се толку чувствителни кон овие нешта, како што биле некогаш во минатото. Поради фактот што секојдневно се соочуваат со толку многу приказни за такви настани и катастрофи, луѓето стануваат сè понечувствителни и постудени кон нив. Повеќето од луѓето денес веќе не ги замаат сериозно вестите за бруталните злосторства, големите војни, природните катастрофи, и жртвите на таквите ѕверства и несреќи. Овие настани ги исполнуваат насловите на масовните медиуми. Но, ако не им се имаат случено на некои блиски, за повеќето луѓе тие не се значајни и бргу влегуваат во заборав.

Преку начинот на којшто се одвива историјата на човештвото, луѓето кои што се будни и имаат јасна комуникација со Бога, сведочат во еден глас дека Доаѓањето на Господа е неминовно.

Пророштвата за крајот на светот и Божјата промисла за Централната Манмин Црква

Преку пророштвата Божји откриени на црквата Манмин, можеме да кажеме дека навистина се наближува крајот на светот. Од основањето на црквата Манмин па сѐ до денес, Бог ни ги кажуваше резултатите за претседателските и парламентарните избори, смртта на познатите личности како во Кореја, така и во странство, и за многу други настани коишто ја оформуваат историјата на човештвото во светот.

Во повеќе наврати, јас ги откривав таквите информации во акроними, во неделните црковни билтени. Ако содржината беше премногу чувствителна, им ги кажував само на неколку личности. Во последните години, јас одвреме навреме прогласував од проповедалната, откровенија во врска со Северна Кореја, Соединетите Држави и многу други настани, што треба да се случат ширум светот.

Повеќето од пророштвата веќе се исполнија онака како што ги имав предвидено, а пророштвата што тек треба да се исполнат, се однесуваат на настаните што или веќе се во процес, или тек треба да се случат. Забележителен е фактот што повеќето од пророштвата се однесуваат на настаните што тек треба да се случат, а се однесуваат на последните денови на светот. Меѓу овие пророштва, се и пророштвата за Централната Манмин Црква, од коишто ќе разгледаме неколку од нив.

Првото пророштво се однесува на односите меѓу Северна и Јужна Кореја.

Уште од самото основање, Бог ѝ откриваше доста вести за Северна Кореја, на црквата Манмин. Тоа е така затоа што имаме повик за евангелизација на Северна Кореја, во последните денови на светот. Во 1983, Бог ни претскажа за самитот меѓу лидерите од Северна и Јужна Кореја, и за неговиот исход. Наскоро по самитот, Северна Кореја требаше привремено да ги отвори своите порти за светот, но набргу потоа повторно ќе ги затвори. Бог ни кажа дека штом се отворат портите на Северна Кореја, евангелието на светоста и силата на Бога ќе навлезе во земјата, а потоа ќе следи процесот на евангелизација. Бог ни кажа да запаметиме дека штом Северна и Јужна Кореја почнат да се однесуваат на таков одреден начин, Доаѓањето на Господа е неминовно. Поради тоа што Бог ми кажа да го држам во тајност фактот дека двете Кореји ќе "се однесуваат на одреден начин" јас сеуште не можам да ја откријам таа информација.

Како што сите знаете, самитот меѓу лидерите на двете Кореји се случи во 2000. Веројатно знаете дека Северна Кореја, подлегнувајќи му на меѓународниот притисок, набргу треба да ги отвори своите врати.

Второто пророштво се однесува на повикот за светската мисија.

Бог ја подготви Манмин за бројни прекуморски крстоносни походи, на коишто десетици илјади, стотици илјади, па дури и милиони луѓе се собираа и нè благословуваа заради брзата евангелизација на светот, преку Неговата чудесна сила. Некои од нив се: Крстоносниот Поход на Светото Евангелие во Уганда, за кој вестите се раширија низ светот преку Cable News Network (CNN); потоа Исцелувачкиот Крстоносен Поход во Пакистан, којшто го стресе Исламскиот свет и ги отвори портите за мисионерското делување во Блискиот Исток; Крстоносниот Поход на Светото Евангелие во Кенија, на којшто многумина добија исцелување од многу болести, вклучувајќи ја тука и СИДА-та; Обединетиот Исцелувачки Крстоносен Поход на Филипините, на којшто силата Божја експлозивно се манифестираше; Крстоносниот Поход на Чудесното Исцелување во Хондурас, којшто го донесе ураганот на Свстиот Дух; и Фестивалот на Крстоносниот Поход, на Молитвата за Чудесното Исцелување во Индија, најголемата Хинду земја во светот, на којшто над три милиона луѓе се собраа за време на четиридневниот крстоносен поход. Сите овие крстоносни походи служеа како скалило од коешто Манмин можеше да влезе во Израел, на својата крајна дестинација.

Во Својот величествен план за култивацијата на човештвото, Бог ги создал Адам и Ева, а по почетокот на животот на земјата, човештвото се намножило. Меѓу народите на земјата, Бог избрал еден народ, Израелот, наследниците на Јакова. Преку историјата на Израелците, Бог сакал да ги открие Својата слава и промисла за културизацијата на човештвото, не само на Израелот, туку и на сите луѓе на земјата. Затоа народот Израелев служи како модел за културизацијата на човештвото, а историјата на Израелот, којашто Самиот Бог ја водел, не претставува само историја на една нација, туку ја претставува Неговата порака за сите луѓе на земјата. Понатаму, пред да се заврши културизацијата на човештвото што почнала од Адама, Божјата волја била евангелието да се врати во Израелот, каде што изворно потекнува. Сепак, навистина е тешко да се изведе собир на Христијаните и да се шири евангелието во Израел. Манифестирањето на силата Божја, што може да ги стресе Небесата и земјата, е потребна во Израелот, а исполнувањето на еден дел од Божјата промисла, претставува повик назначен за црквата Манмин, во последните денови на светот.

Преку Исуса Христа, Бог ја исполнил промислата за спасението на човештвото, и ѝ дозволил на секоја личност, која што го прифатила Исуса за свој Спасител, да го прими вечниот живот. Избраниот народ Израелев, сепак, не го признава Исуса за свој Месија. Па така, сѐ до моментот кога Неговите чеда не бидат подигнати на Небесата, народот

Израелев нема да ја разбере промислата за спасението преку Исуса Христа.

Во последните денови на светот, Бог сака народот Израелев да се покае и да го прифати Исуса за свој Спасител, за да може да го добие спасението. Затоа Бог дозволил светоста на евангелието да навлезе и да се рашири во Израел, преку благородниот повик што ѝ го дал на црквата Манмин. Како значајно скалило за Блискоисточната мисионерска работа, кое беше воспоставено во април 2003, во согласност со волјата на Бога, црквата Манмин ќе направи специфични подготовки за Израел, и за исполнување на промислата на Бога.

Третото пророштво се однесува на изградбата на Големото Светилиште.

Набргу по основањето на црквата Манмин, како што ни откри во Својата промисла за последните денови, Бог ни испрати повик за изградба на Големото Светилиште, што треба да им ја претстави славата на Бога на сите луѓе во светот.

Во Старозаветните времиња било можно да се прими спасението преку делата. Дури и да не бил отфрлен гревот од срцата на луѓето, сè додека тој не бил извршен и изведен во реалност, луѓето имале шанса за спасение. Храмот од Старозаветните времиња бил храм, во којшто луѓето го обожувале Бога единствено преку делата, како што налагал законот.

Во Новозаветните времиња сепак, Исус дошол и го исполнил законот во љубов, и единствено преку верата во Исуса Христа можеме да го добиеме спасението. Храмот за којшто копнее Бог во Новозаветните времиња, ќе биде изграден не само преку делата, туку и преку срцето. Овој храм теба да биде изграден од страна на чедата Божји, кои го имаат отфрлено гревот од себе, си ги имаат осветено срцата свои и ја поседуваат големата љубов за Него. Затоа Бог дозволил Храмот од Старозаветните времиња да биде уништен, и посакал изградба на нов храм, којшто ќе го поседува вистинското духовно значење.

Затоа, луѓето кои треба да го изградат Големото Светилиште, треба да бидат сметани за соодветни во очите на Бога. Тие мора да бидат чеда Божји, чиишто срца се обрежани, свети и чисти, и исполнети со верата, надежта и љубовта. Па така, кога Бог ќе го види изградено Големото Светилиште од страна на Своите осветени чеда, Тој нема да најде утеха само во неговиот изглед, туку и во нивната светост. Тој ќе го прегледа целиот процес на изградбата на

"Нека се завърши изградбата на Големото Светилиште..."

Светилиштето, и ќе ги запамети делата на секое од Своите вистински чеда, кои претставуваат плод на Неговите солзи, жртвување и трпение.

Големото Светилиште носи во себе големо значење. Тоа ќе послужи како споменик на култивацијата на човештвото, а воедно и како симбол на утеха за Бога, откако ќе ја пожнее Својата жетва. Ќе биде изградено во последните денови, поради монументалноста на тој проект, којашто ќе им ја открие славата Божја на сите луѓе во светот. Со своите 600 метри (околу 1970 стапки) во дијаметар, и седумдесет метри (230 стапки) во висина, Големото Светилиште ќе биде масивна зграда, што ќе биде изградена од убави, ретки и скапоцени материјали, а во секое негово делче и декорација, ќе биде вткаена славата на Новиот Ерусалим, на шестдневното создавање на светот, и на силата на Бога. Самиот поглед на Големото Светилиште ќе биде доволен да ги натера луѓето, да ја почувствуваат величественоста и славата на Бога. Дури и неверниците ќе бидат вчудоневидени и изненадени од неговиот изглед, и ќе Му ја оддадат славата на Бога.

За крај, изградбата на Големото Светилиште претставува подготовка на барката во којашто безброј души ќе го примат спасението. Во последните денови на светот, кога гревот и злото преовладуваат токму онака како што било во времето на Ное, кога луѓето кои биле водени од страна на чедата Божји ги сметал за соодветни да дојдат во Големото Светилиште, да веруваат во Него и да го примат спасението. Луѓето во светот ќе ги чујат вестите за славата и силата на Бога, па ќе доаѓаат и самите да го видат тоа. Кога ќе дојдат, ќе посведочат за безбројните докази за живиот Бог, кои ќе се манифестираат. Ќе бидат поучувани на тајните од духовниот свет, и ќе бидат просветлени со волјата на Бога, Кој што сака да ги пожнее вистинските чеда, кои наликуваат на Неговиот лик.

Големото Светилиште ќе служи како јадро на последната фаза на сесветското ширење на евангелието, коешто ќе му претходи на Доаѓањето на Господа. Понатаму, Бог ѝ кажа на црквата Манмин дека, штом дојде времето за почетокот на изградбата на Големото Светилиште, Тој ќе ги поведе кралевите и богатите благородници, да пружат помош во неговата изградба.

Уште од самото основање, Бог ми ги откриваше пророштвата во врска со последните денови, и промислата Негова за Централната Манмин Црква. Сè до денешен ден, Тој продолжи со манифестирањето на сèрастечката сила и исполнувањето на Своето Слово. Низ историјата на црквата, Тој Самиот ја водеше црквата Манмин, за да ја исполни Својата промисла. Сѐ додека не се врати Господ, Тој ќе нѐ води кон исполнувањето на сите задачи што ни ги има зададено, за да се открие славата на Господа ширум светот.

Во Јован 14:11, Исус ни кажува "Верувајте дека Јас сум во Отецот, и дека Отецот е во Мене; или верувајте заради самите дела." Во Второзаконие 18:22, можеме да прочитаме, "Ако пророкот зборува во името на ГОСПОДА, а нештата за кои зборува не се исполнат, тогаш тие не се нешта кои ГОСПОД ги има кажано. Пророкот дрско и без дозвола ги има кажано; и не плашете се од него." Се надевам дека ја разбирате промислата Божја, којашто се манифестираше и откриваше во Централната Манмин Црква, преку силата и пророштвата од Бога.

Исполнувајќи ја промислата Своја преку Централната Манмин Црква во последните денови од светот, Бог не ѝ го даде оживувањето и силата преку ноќ. Тој не обучуваше во текот на повеќе од дваесет години. Како што се искачуваат стрмите и високи планини, како што се едри низ високите бранови во разбурканото море, така Тој постојано нѐ водеше низ испитанија и, преку луѓето кои што ги славеа тие испитанија и искушенија со својата цврста вера, нѐ приготви како сад преку којшто може да се исполни светската мисија.

Сето ова се однесува и на вас исто така. Верата преку која една личност може да влезе во Новиот Ерусалим, не се развива или гради преку ноќ; морате секогаш да бидете будни и подготвени за денот на враќањето на нашиот Господ. Над сѐ друго, морате да ги уништите сите ѕидови на гревот, и преку неменливата и горлива вера, да трчате кон Небесата. Кога ќе се придвижите нанапред со ваквата непроменлива решителност, тогаш Бог, несомнено ќе ви ја благослови душата да примате добрини, и ќе ви одговори на желбите на вашите срца. Уште повеќе, Бог ќе ви ги даде духовната способност и авторитет, преку кои ќе можете да бидете употребени како Негови скапоцени садови, за исполнување на Неговата промисла, во текот на последните денови.

Се молам во името на нашиот Господ, Исус Христос, секој од вас цврсто да се држи до својата страсна и горлива вера, сѐ додека не се врати нашиот Господ, и не се сретнеме со Него во вечните Небеса и градот Новиот Ерусалим!

Автор
Др. Џерок Ли

Др. Џерок Ли бил роден во Муан, Провинција Јеоннам, Република Кореја, во 1943 година. Додека бил во своите дваесети години, Др. Ли страдал од најразлични, неизлечиви болести, во текот на седум години, па ја чекал смртта, немајќи надеж за закрепнување. Сепак, еден ден во пролетта од 1974 тој бил поведен во црква од страна на својата сестра, па кога клекнал да се помоли, живиот Бог веднаш го излекувал од сите негови болести.

Тој во еден момент го сретнал живиот Бог, доживувајќи го тоа прекрасно искуство. Др. Ли го сакал Бога со сето свое срце и искреност, и во 1978 тој бил наречен слуга Божји. Тој ревносно се молел, низ небројни молитви придружени со пост, за да може јасно да ја разбере волјата на Бога, во целост да ја исполни и да му се покори на Словото Божјо. Во 1982, тој ја основал Централната Манмин Црква во Сеул, Кореја, па безброј дела на Божјата сила, вклучувајќи ги тука и чудесните излекувања и исцелувања, знаците и чудесата, се случуваат во црквата од тогаш.

Во 1986, Др. Ли бил ракоположен за пастор на Годишното Собрание на Исусовата Сунгиул Црква од Кореја, за четири години подоцна, во 1990, неговите проповеди да почнат да се емитуваат во Австралија, Русија и на Филипините. Во текот на краток временски период, уште поголем број на земји бил досегнат низ Емитувачката Компанија на Далечниот Исток, па низ Емитувачката Станица на Азија, и низ Вашингтонскиот Христијански Радио Систем.

Три години подоцна, во 1993, Централната Манмин Црква била избрана како една од "Врвните Светски 50 Цркви" од страна на Христијанскиот Светски Магазин (САД) и го примил Почесниот Докторат на Божественоста, од Христијанскиот Верски Колеџ, Флорида, САД, а во 1996 ја примил својата докторска титула во Теолошкиот Семинар на Свештенствувањето од Кингсвеј, Ајова, САД.

Од 1993, Др. Ли го предводи процесот на светската евангелизација, низ многу прекуморски крстоносни походи, во Танзанија, Аргентина, Лос Ангелес, Балтимор Сити, Хаваи и Њујорк Сити во САД, Уганда, Јапонија, Пакистан, Кенија, Филипини, Хондурас, Индија, Русија, Германија, Перу,

Демократската Република Конго и Израел. Во 2002-ра тој бил наречен "светски пастор" од страна на главните Христијански весници во Кореја, заради неговата работа во прекуморските Големи Обединети Крстоносни походи.

Од септември 2010, Централната Манмин Црква има конгрегација со повеќе од 100 000 членови. Постојат 9000 домашни и прекуморски ограноци на црквата низ целиот свет, и до сега повеќе од 132 мисионери беа поставени во 23 земји, влучувајќи ги тука Соединетите Американски Држави, Русија, Германија, Канада, Јапонија, Кина, Франција, Индија, Кенија и многу други.

До денот на објавувањето на оваа книга, Др. Ли има напишано 60 книги, вклучувајќи ги тука и бестселерите Доживувањето на Вечниот Живот пред Смртта, Мојот живот, Мојата вера I & II, Пораката на Крстот, Мерката на верата, Небеса I & II, Пекол, и Силата на Бога. Неговите дела биле преведени на повеќе од 44 јазици.

Неговите Христијански колумни се појавуваат во The Hankook Ilbo, The JoongAng Daily, The Chosun Ilbo, The Dong-A Ilbo, The Munhwa Ilbo, The Seoul Shinmun, The Kyunghyang Shinmun, The Korea Economic Daily, The Korea Herald, The Shisa News, и The Christian Press.

Др. Ли во моментот е водач на многу мисионерски организации и асоцијации. Други позиции кои ги има се следните: Претседавач, Обединетата Света Црква на Исуса Христа; Претседател, Светската Мисија на Манмин; Постојан Претседател, Здружение на Светската Христијанска Преродбена Мисија; Основач & Претседател на одборот, Глобалната Христијанска Мрежа (GCN); Основач & Претседател на одборот, Светската Христијанска Лекарска Мрежа (WCDN); и Основач & Претседател на одборот, Манмин Интернационална Семинарија (MIS).

Други моќни книги од истиот автор

Рај I & II

Детален нацрт на прекрасната животна средина во која живеат жителите на рајот и прекрасни описи на различни нивоа на небесните царства.

Мој Живот, Моја Верба I & II

Најмирисна духовна арома извлечена од животот кој цвета со една неспоредлива љубов за Бога, во средина на темни бранови, студено ропство и најдлабок очај.

Вкусување на Вечниот Живот пред Смртта

Посведочени мемоари на Д-р Церок Ли, кој се роди повторно и беше спасен од долината на сенките на смртта и кој води прекрасен примерен Христијански живот.

Мерката на Верата

Какво живеалиште, круна и награди се подготвени за вас во Рајот? Оваа книга обилува со мудрост и водство за вас да ја измерите верата и да ја култивирате најдобрата и зрела вера.

Пекол

Искрена порака до целото човештво од Бога, кој посакува ниту една душа да не падне во длабочините на Пеколот! Ќе откриете никогаш порано –откриено прикажување на суровата реалност на Долниот Ад и Пеколот.

www.urimbooks.com

.ance